思想觀念的帶動者

文化現象的觀察者

本土經驗的整理者

生命故事的關懷者

心靈工坊 PsyGarden

Caring

生命長河，如夢如風
猶如一段逆向的歷程
一個掙扎的故事，一種反差的存在
留下探索的紀錄與軌跡

生命的十二堂情緒課：
王浩威醫師的情緒門診

著——王浩威．鄭淑麗

目次

9——推薦序　情緒、親密、逾越／張達人
12——作者序　謝謝當年的伙伴們／王浩威
17——前言一　學習凝視自己的情緒／王浩威
19——前言二　防潮箱裡的回憶／鄭淑麗

第一課　恐懼。笑聲在暗夜裡迴盪——23
我們可以利用「恐懼」來觀察自己的內在修為。愈自在的人愈毋需擔心失控，面對任何變化和風險，往往都能隨遇而安。

第二課　寂寞。在人群中銷聲匿跡——47
害怕寂寞，就更要去凝視自己的寂寞。想想自己無法忍受的是什麼？不經思索找個人來陪，恢復到不寂寞的狀態，究竟是得到更多，還是失去更多？

第十一課 信任。I will be there——251

談愛情，大家都可以說自己愛誰，或許我們能掏出心去愛一個邪惡又醜陋的人，去成全他、包容他。可是說到信任，決定要把自己交給對方時，需要更強大的力量。

第十二課 分離。美酒佳餚中畫下休止符——277

很高興有機會帶這個團體，有機會認識大家。嗯，反正天下沒有不開始的筵席。嗯……

291——〈回響〉尋找眞正的自我／阿陌

295——〈後記一〉帶領「情緒工作坊」的感言／王浩威

300——〈後記二〉眞誠的分享／鄭淑麗

302——附錄一《打開情緒WINDOW》原書推薦序　豐富的情緒Party／吳就君

305——附錄二《打開情緒WINDOW》原書推薦序　看情緒的舞動／蔡榮裕

〈推薦序〉

情緒、親密、逾越

衛生署草屯療養院
張達人院長

當浩威邀請我爲本書寫推薦序時，初想可能因爲本書是他帶領團體的歷程，而我因經常帶領或督導團體心理治療，所以期望我以團體動力角度來回應本書，但看了本書主要目的及描述方向，決定仍以本書主旨「認識與覺察情緒」爲主軸，表達個人的閱讀心得。

本書主要是描述王醫師與十位團體成員，分享在十二次團體過程，每人在生命中如何透過與他人親密的接觸過程，歷經十一種情緒的變化。書內毫不掩飾描述每位成員情緒轉折的經驗，內容不但栩栩如生且眞誠動人，亦無任何學術專業用語，因此讀者極易進入這十一位成員（含王醫師）內心中，也易將情緒投入到他們世界，所以閱讀起來一點也不覺乾澀乏味。

回過來談談何謂情緒？情緒覺察又是怎樣的經驗？它又如何聯結到親密過程

與發展？情緒有如皮膚毛細孔，察覺外界刺激給予的任何體感，大腦綜合這些感覺後，才做出如何反應；情緒亦有如眼睛瞳孔，任何外界形象，透過瞳孔進入眼底，最後在後腦部形成影像。因此有如毛細孔或瞳孔功能的情緒，可感受外界最初傳來的最原始的訊息，因尚未經過理智的過濾，所以它是鮮活的；但當情緒經過理智判斷後所衍生的思考或行爲，則會失去最原先的味道。總之情緒無所謂好壞，它只是如毛細孔或瞳孔般，眞實反應人心理的最赤裸狀況；親密則是不斷透過與人互動所經驗諸多情緒的綜合概念，而人格是個人內化與周邊人互動之親密關係。由於每人在塑造人格過程中，與周圍他人的互動，都會在有意無意間留下不愉快甚至痛苦的疤痕，這些疤痕，在往後歲月再遭遇同樣情境時，其無意間的隱隱作痛將會影響我們去接受再次傳來的情緒刺激，結果壓抑成爲最習於處理的防衛方法，但久後此反會阻礙我們的心理成長。

本書雖描述十一種情緒經驗，但在字裡行間仍會流露出團體內另類情緒經驗，如書中所提的「高峰經驗」，我將其稱之爲第十二種情緒，它是先驗性或逾越性（transcendental），它似乎類同書中所述的正向情緒，但仍有區別，其乃從正負向情緒中提昇出來，而不爲此二種情緒所役，有如在高山上看著山下一淸二楚的感覺；它基本上尊重與接受山下所有發生的任何事物，好與壞、善與惡、或正與負，也由於這樣的清澄，所以可覺察人被引發的所有各種情緒，當然亦可直覺地經驗到此第十二種情緒，我姑且稱之爲「靈性」，這過程有如「明心後見性」。

若欲從團體動力瞭解此團體提供的效益，最顯著的是「鏡子功能（mirror function）」，它不但幫助大家可從別人身上看到自己的影子，亦同時透過彼此分享，和自己人生對照，發現不是只有我才有這樣難以承受的情緒或經歷，當經驗到大家的相同性後，才不會壓抑個人的負向情緒，而願意攤開來接受與面對它，這是與一般團體心理治療同樣可貴的地方。另外本書難得之處是每次團體歷程描述後，都有王醫師情緒筆記與情緒出路，它可幫助讀者從複雜的感性中跳出來，以理性態度看王醫師如何以學理分析這些糾葛情緒，以及怎樣以健康心理面對。

在生命的過程，我們都在學習與人親密，也就是學習愛人與被愛，而愛首先就是要學會如何體會、覺察所經歷的情緒，如此方能深思這些情緒累積所衍生的愛或親密關係，最後再不斷透過探索及瞭解親密關係中的眞實自我，進而逾越親密中的情緒糾葛，成爲情緒的主人。

〈作者序〉

謝謝當年的伙伴們

王浩威

昨天參加台大醫院精神科的謝師宴，遇到陳珠璋教授。已經快九十歲了，他還是精神奕奕地，還攜帶一瓶品牌罕見的威士忌，熱切地邀我盡情品嚐。

「喝呀，好喝喔，要不要試試看？」陳教授平常的口氣是淡淡而疏遠的，偶而像現在這樣語氣加快、稍有重複、平淡中已經有些急切，便是他最開心的表達方式——雖然剛認識的人，可能覺得他是不高興，以爲是被他凶了。

這是我作他的學生二十五年，慢慢地，終於理解的。

到台大精神科，做最低階的第一年住院醫師是一九八七年的事。當時，啥都不懂，就加入陳教授的團體心理治療教學。我坐在陳教授督導或親自帶領的幾個團體裡，像是一個看不見任何巧妙的盲眼觀察員。漸漸地，這樣的磨練，也讓自己開了另一隻眼，開始了解團體裡的動力、相互的影響、乃至慢慢浮現的療癒因素（therapeutic factors）。

完成住院醫師之訓練，在花蓮待了四年，再回台大擔任主治醫師，又開始負責病房的團體心理治療。這一次，和陳教授分屬不同樓層的病房，但總是在走廊上或電梯裡相遇。

有一次，我告訴他要和《張老師月刊》合作，開始一個半結構的團體（指的是主題事先規畫，但流程開放）。我的口氣是戒愼而害怕的，因爲這在當年還十分傳統的台大精神科是史無前例的；而且，在我經驗裡，陳教授又很重視規矩。

我現在忘了陳教授如何回答的，應該是約略地不置可否，只是問有沒有將這團體拿來做研究的安排？自己慌亂地說，有錄音有紀錄，再看看怎麼處理。

其實我內心中的團體是團體有更多的分享，而且是自發性地來自大家的信任。我會渴望試一次像七〇年代流行一時的相遇團體（encounter group），這是由羅吉斯（Carl Rogers, 1902-87）在六〇年代氛圍裡發展出來的。因爲這樣，我大膽地採取了許多新的方式，對當時我在台大精神科所接受的團體治療而言，可能是離經叛道的方式。我積極加入大量的自我揭露（self-disclosure），不再是做高不可攀的沉默領導者；同樣的，這團體沒有疏遠的旁觀者（記錄者鄭淑麗也被鼓勵加入）；這團體也沒有爲研究而做的前後測驗，減少參加者可能感覺有人觀察而不自覺地壓抑；甚至紀錄發表時，我也不強求沒受過團體訓練的淑麗要在文章中抓住團體裡相關動力的描述。

那些年台灣流行《EQ》（1995）這本書，瘋狂的程度比美國的暢銷還更流行。我不禁思索，這是否反映了台灣當時發生了怎樣鬆動的社會結構，才產生了這樣恐慌的假性需求。我也思索，比起EQ，台灣文化或華人文化的傳統裡，對人們的情緒向來是十分忽略，情緒相關的文化呈現也是很貧乏的。這些不足，比起EQ，才是台灣社會更迫切的需要。因爲這樣的緣故，才向《張老師月刊》建議「情緒」作爲主題。

在學術界，情緒的分類，向來就是十分混亂的。這樣的混亂，顯現出這一領域研究的不足，也顯示這些討論可能還有很多豐富的可能性。雖然，當時還沒讀到當代情緒研究大師保羅・艾克曼（Paul Ekman, 一九三四年生，目前台灣譯有心靈工坊出版的《說謊》和《心理學家的面相術》，以及時報出版的《破壞性情緒管理》），沒依他的情緒分類（所謂情緒的六個基本型：憤怒、厭惡、悲傷、驚訝、恐懼、不快樂）來思考團體結構。但，幸運的是，我們將後來這十年相當受重視的正向心理學，特別是塞利格曼教授（Martin Seligman, 一九四二年生）提倡的「快樂」，被我們涵蓋進去了。

嚴格說來，當年的設計是以親密的人際關係中所常有的情緒爲主。人們往往在親密關係裡，最是不得不顯現真實的自我，最是不得不揭露自己的潛意識。十分敏銳的朋友可以看出來，這些情緒的安排，其實是步步逼近人們向來自我保護地深藏起來的那些潛意識活動。

於是，十二次的主題（十一種情緒加上最後的分離），前四分之三是由淺入深，由表面現象深入深度意識，也是由生疏關係再深入到信任中才能呈現的話題。隨著大家彼此的熟悉，也包括對團體的氛圍、空間的各種存在和進行的方式等等的熟悉，大家可以放心不再有任何分心辨識的陌生。這時，話題才可能漸漸深入。

最後的三次則是收尾。像外科手術一樣，打開的潛意識傷口要慢慢縫合起來，脫下的自我保護盔甲要慢慢地穿上。當回到生活現實時，每個人又恢復了一個人要獨自去面對的處境。一個好的帶領人，至少要照顧好他的成員。這一點，我希望自己有做到。至於經歷這次團體，大家的內在是否改變，是否發生不同的作用而逐漸在生活中發酵，則是我更期待的。

這些日子過去了，回頭看看這本書還是相當喜歡的。有些紀錄幾乎是自己成長的痕跡，差一點就要忘了當年自己曾經有這樣的思慮；有些還是珍貴的人生功課，自己也還在學習。我還是很高興，在我的生命中某一年的好幾個月，在羅斯福路的某幢大樓地下室裡，自己曾經遇到／組成／加入了這個團體。自己是帶領人、是觀察分析人，也是最重要的：參與和分享的人。

我看完了這些文字，不禁又湧起對那些伙伴們的感激。謝謝他們的信任，謝謝他們的分享。在後來的人生裡，我更明白這一切是比我當年以為的還不容易也更珍貴。盼望再版以後，這些失聯的伙伴可以有理由再一次聯絡。至少，讓我將新版的書送給你們。

我也謝謝王桂花總編輯，當年這本書在她擔任總編輯的出版社發行，現在新版還是在她領導的出版社出版。

最後，謝謝陳珠璋教授。如果可以，我盼將這本書獻給陳教授，感謝他引導我走上團體心理治療之路，甚至是所有的心理治療之路。當年初版，我還沒清楚地明白這一點，盼望現在還是來得及的。

〈前言一〉

學習凝視自己的情緒

王浩威

情緒是甚麼？其實，恐怕我連自己的體驗也都很難描述得清楚。

從達爾文的重要作品《人和動作的臉部表情》來看，許多情緒原本應該是十分本能的，是所有的動物都有的。然而，達爾文也注意到，有一些情緒則是人類專有而非動物本能所有。

我自己倒是對另一種情形感到好奇：動物所普遍擁有的情緒，卻是人類所沒有的或少有的，譬如：喜悅和欲求。佛洛伊德對人類的理解方式，一方面受到達爾文的影響，一方面也就是注意到這一切的缺席，所謂的潛抑和壓抑。長久以來，佛洛伊德及其精神分析追隨者的理論，確實影響了我許多。

即使是在人類中，不同的民族、性別和階級，也有不同的情緒體驗。

在我們的文化裡，漢字本身就是一個對情緒的敍述十分貧乏的語言系統。同樣的，在我們的生活裡，比起西方人（特別是拉丁語系民族），情緒的活動是明顯貶抑的。有趣的是，女性的情緒表達永遠比男性豐富而準確；然而，在文化價值中卻又是被輕視的，譬如：「女人太情緒化了！」等等常聽見的批評。而階級又是另一個更複雜的問題。雖然國內的精神醫學研究顯示，在高度壓力下，低社經階層容易以身體化症狀（頭痛、累、痠痛等）來呈現，而中上社經階層則以情緒症狀（焦慮、抑鬱、煩躁等）來表現，但是，單單這樣的研究還是不足以呈現出其中的複雜性。

在這一次的情緒工作坊中，我試著引導大家來探討彼此的情緒體驗，包括我自己的。當然，這只是一個小小的記錄，既不是嚴謹的質性研究，更談不上對上述問題提出答案。

這一本書只是希望帶領著大家，透過書中每一個人的體驗，開始學習凝視自己的情緒。

〈前言二〉

防潮箱裡的回憶

鄭淑麗

《生命的十二堂情緒課：王浩威醫師的情緒門診》是《打開情緒WINDOW》改版更名再出版的新書。當心靈工坊出版社的總編輯王桂花告知舊作重出之事，除了驚喜之外，也覺得頗有意思。

九七年一月開始，王浩威醫師帶領了由三男七女組成的「搞砸EQ情緒工作坊」，從恐懼、寂寞、嫉妒等負面情緒開始，再以快樂、信任等正面情緒收尾。成員們每周聚會一次，前後進行了三個月，總共十二次。在成員們知情而且同意的狀況下，同步進行錄音，結束後逐字謄出數萬字的稿子，《打開情緒WINDOW》即是以此爲基礎，整理改寫後出版。而這本書的作者雖是由王浩威醫師和我掛名，實際上工作坊成員才是促使此書誕生的眞正創作者。

多年後，原爲作者之一的我，以讀者的身分重新閱讀這本書，依然覺得受用無窮。雖然工作坊的主題是情緒，但是討論的主軸大多圍繞在「親密關係」上。

或許，也唯有讓我們真正在乎的親密關係，才會如此深刻又細膩地牽動著我們的情緒。當年的我，是團體中最年輕的成員之一，多年之後，再回看當時的紀錄，我已經來到團體中最年長的成員，如大姊、阿陌等人的年紀，看他們傾訴自己的人生故事，經過歲月的淬煉而更成熟的我，能以更多的同理心和更細膩的敏感去貼近分享者的心情。因此，回看書稿的同時，我也修潤了部分文字。

工作坊的錄音帶和當時逐字整理的厚厚一疊文稿，還收藏在家中的防潮箱裡，沒料到有一天會再拿出來重新省視。重新閱讀書稿，我看到二十幾歲的自己，在乎什麼、煩惱什麼又忿怒些什麼，有機會和十多年前的自己相逢，覺察了自己已經改變和未曾改變的部分，我覺得很幸運也很有趣。謝謝這一切的因緣。

爲了讓讀者們能更快進入狀況，我簡單地介紹團體成員的基本資料，以及讓人印象深刻的一小段話。

「我眞是那麼幸福嗎？我說的話都沒人可理解，難道幸福的人就沒有難過的權利？」

吉吉，三十二歲，公司行政人員。

「看到已經五、六十歲還手牽手的夫妻，眞是羨慕。這般親密的能力我一直沒學會。」

阿陌，四十歲，出版社主管。

「孤單並非我主動選擇的。因爲害怕被拒絕，只好自己先選擇獨處。」

晴子，二十九歲，國中教師。

「似乎要等到人死了，感情不可能再有變化，才會有永恆。我害怕受傷，習慣逃避情感，可是這樣下去，人活著還有什麼？」

素素，二十八歲，會計。

「我從不希望，沒有希望的人才需要希望；我從不失望，沒有希望的人才會失望。」

阿勳，四十八歲，文字工作者。

「人眞的可以藉由考古學家的挖掘過程，發覺自己以爲已經遺忘的歷史記憶。」

阿正，三十三歲，研究所學生。

「不管到哪裡，我的疏離感都會存在。我想維持人際關係，但又不想妥協。」

大姊，四十二歲，業務主管。

「我害怕父母對待我的方式，影響到我對下一代的態度，我眞很怕自己變得跟他們一樣。」

阿妹，二十八歲，玩具設計師。

「如果一個人對人生絕望，可能選擇自殺。如果對環境絕望，可能選擇逃避。可是如果對另一個人絕望，那該怎麼辦？」

小倩，三十一歲，雜誌社主管。

「似乎通過某個關卡，你就知道，和這個人是ＯＫ了，和這個人的關係不同了。」

唐果，三十二歲，博士班學生。

第一課

恐懼。笑聲在暗夜裡迴盪

我們可以利用「恐懼」來觀察自己的內在修為。

愈自在的人愈毋需擔心失控，

面對任何變化和風險，往往都能隨遇而安。

「錄音機試音……。」今天是「搞砸EQ情緒工作坊」首次聚會，我在做最後的準備工作。

忙著布置活動場地，剛鋪上綠色的塑膠地板，還來不及放上抱枕，已經有兩位成員提前到來。「剛下班嗎？」我打招呼。「不是，我早下班了，我是到台大校園打球後過來的。」剪著齊耳短髮，皮膚黝黑的女孩，露齒笑說，她是老師，下午三點後就下課了。

七點不到，成員們先後抵達，陸續擠進不算寬敞的空間裡。還不熟悉的成員們彼此微笑示意，表示友善，但是並無人交談，小房間裡瀰漫著淡淡的尷尬氣氛。

近七點，浩威也來了。他一落坐，嘻嘻哈哈的笑聲多了，話題集中在「王醫師」身上，因爲他是成員們都認識的人。兩天前，成員們才個別跟浩威面談過，因爲報名參加工作坊的人超出團體預定人數，所以今天的參與者是因爲浩威面試的「因緣」而聚首。成員們以浩威爲中心，圍成一個有稜有角的圓圈。

「王醫師怎麼會選我呢？」鬈髮圓臉的女孩是吉吉，迫不急待地開口詢問。我偷偷數數人頭，少了一男一女。還來不及點名，外頭傳來一陣嘻笑聲，活動室的木門被推開，十二位成員正式到齊了。八個女生四個男生，爲了強調團體的異質性，四個男生中除了主持人浩威之外，其餘三個都是以男性保障名額的名義，強力邀請來的。

黑暗適合沉靜談心，不過要幾分鐘前才認識的人棄兵卸甲，是個考驗

全員到齊後，我關了日光燈，點亮暈黃的立燈，宣示「搞砸EQ情緒工作坊」正式開始。這個燈光轉換的儀式是有效的。室內光線柔和昏暗，原本嘻嘻哈哈的笑語喧嘩，突然降低分貝沉靜下來。黯淡光影下，不安的情緒悄悄流竄，尷尬表情隱約可見。或許，黑暗適合沉靜談心，可是要幾分鐘前才認識的人棄兵卸甲，是個考驗。

浩威先以自我介紹打破沉默：「我是台大精神科的主治醫師，難得能和大家一起參加這個長達十二個禮拜的團體。我對團體的學習，除了參加團體治療的訓練過程以外，就是對人的敏感。而這敏感可能來自對人的恐懼。」

「我們今天要聊的正是『恐懼』。」浩威停頓了一下，看了看大家：「記得初中上台北時，是我對人敏感度最高的時候。因爲剛從南部上來，發覺每個人都講標準國語，讓我覺得很自卑，非常在意自己講話得不得體，壓力非常大，才讀完一年後就生病回家了。因爲有過這樣的經驗，所以很喜歡思考人的問題。」

浩威說完，小房間裡陷入靜默，我也垂著頭安靜坐著。很多跟恐懼有關的記憶在腦海裡翻攪，卻畏怯著不知說些什麼才適當。這是我第一次參加工作坊，該說多少才能展現誠意，卻又不至於對陌生人暴露太多。是我缺乏信任別人的勇氣嗎？我實在缺乏安全感。斟酌再三，我還是保持沉默。

僵持了十秒鐘，小倩開口了，她笑說坐在浩威對面，想保持沉默，又覺壓力太大，只好自告奮勇發言。小倩的五官細緻分明，不說話時有種雕像般的冰冷，但是一開口說話，靈動的眉眼讓她的表情有了暖意，「我想，我最大的恐懼來自於擔心家人的變化。去年七月，我的外祖父過世了，他是突然倒在路上被人看見，送醫途中就過世了。這件事之後，我常會憂慮，不知道我的親人什麼時候會離開我。」

小倩說完，見旁人沒接應，嘻嘻笑了兩聲，提醒大家說：「我說完了。」小房間裡只剩下刻意壓抑後的呼吸聲。我也趕緊收斂目光，深恐接觸到浩威的眼神，會承受不住壓力而「被迫說話」。平常最愛嘰嘰咕咕的我，竟會畏懼在團體中發言，是怎麼回事呢？忍不住低頭偷瞄其他成員，只見一個個低垂的頭，各自倚靠抱枕，躲在昏黃的光暈外圍。浩威開口招呼牆邊兩人說：「你們坐進來點，幫忙把圓拉近，坐那麼遠像孤兒似的。」

我每次都在電話裡哭得喘不過氣來，就是要把痛苦渲染得讓爸爸心疼。

坐進圈子裡的女孩是吉吉，白晰豐潤的臉龐下略顯靦腆的神情，有種嬌憨稚嫩的氣質。吉吉接著說：「剛才有人提到失去親人的恐懼，讓我想起爸爸。我最大的恐懼是讓爸爸失望。以前交往一個讀美術系的男朋友，我很害怕帶他回家，因爲我爸『階級觀念』非常重，我想他一定不會接受我的男朋友。記得我唸初中時，爸爸朋友的小孩讀私立大學，他交了一個讀台大的女孩。當時我很驚訝，怎麼有台大的女孩願意跟他在一起。我受父親的觀念影響很深，長大後常跟我媽聊才稍微有改變。」

吉吉說話時，旁邊有人「哦」了一聲，循著聲音望過去，是個臉龐瘦削、穿件黑色高領毛衣的女人，臉上露出疑惑的表情。吉吉轉過頭去看了她一眼，像在等待「哦」之後的反應，等了一會才又緩緩地往下說：「我曾在幾年前出國唸碩士，可是沒有拿到學位就回來了。因爲我每次都在電話裡哭得喘不過氣，我媽說『妳回來啊！人平安就好了。』我爸就說：『妳再忍忍啊！就能拿到碩士了。』我會把痛苦渲染得讓他們心疼。後來他們忍不住，說我可以回來，我就回來了。」

剛才「哦」了一聲的女人，一副不可思議的表情問：「妳從沒有違背過爸爸的意思？」

吉吉篤定地點頭：「我覺得，爸爸覺得對的就是對，我爸要我做什麼我就做什麼。」吉吉的順從表現得毫不猶豫。浩威反問那「哦」一聲的主人：「爲什麼這麼問，妳想到什麼？」

我爸很多動作都是在跟人家討愛，像在要求「多愛我一點，注意我一下吧！」

女人爽朗地笑了，她的輪廓深刻而分明，襯托著冰冷的氣質，不笑時表情有些嚴肅。她笑說，自己從小就很有老大特質，在學校人家都叫她大姊，「我很怕自己像爸爸，尤其是生氣的時候。我曾透過其他的工作坊來觀察自己，我發覺自己很壓抑，不太敢生氣。可是奇怪的是，只要我不說話看起來就很凶。所以辦公室發生衝突事件，就會找我去扮黑臉。」大姊說話時條理清晰，毫不拖泥帶水。

浩威追問：「生氣會是什麼樣子？」

大姊略微低頭沉思。她不說話時，臉上鮮活的表情不見了，可親的模樣頓時消失。想了想，大姊回答說：「生氣啊，我覺得生氣爆發出來很可怕，我非常怕自己像爸爸。我爸生氣總是造成很大的災難，他會打太太、打小孩，我小時候常被他拿著扁擔追打。我祖父母的關係也不好，也會暴力相向，所以……」

「爲什麼怕？因爲妳對他很不以爲然？」浩威緊追不捨。

「對！可是後來發現我爸很多動作都是在跟人家討愛，像在要求『多愛我一點，注意我一下吧！』他其實是很缺乏愛的人。發現父親有這個傾向後，我很慶幸自己不像他，哈哈哈。」大姊放聲笑了。

浩威看著她接著說：「我們的反應，會不會愈恐懼時就會笑得愈大聲呢？妳講的是很深的分享，卻也是淸楚的分析。妳說爸爸是個討愛的人，讓一切聽起來很動人，就不用顯露出當年讓妳不舒服的情景。分析的語言擋掉恐懼，感情也就可以割離。」

大姊以微笑注視著浩威，認眞聆聽他的回應，很難解讀她的表情，或許有許多前塵往事瞬間在她腦中翻攪吧。

躲在書櫥角落的阿妹，被浩威以眼神點名，她看起來怯生生的，似乎有些緊張。她啞著嗓子說，自己最恐懼的是人際關係，「因爲我不會控制自己，情緒有時會突然爆發，事後就很後悔，也拉不下臉來道歉。我想，那跟我父親有關，他一有情緒就會大罵，或者是摔東西，讓家人擔心受怕，我多多少少會受影響，常開口講沒兩句話就會『霹靂啪啦』吼叫。唉，這是我的恐懼，滿深的。」阿妹隨口夾雜幾句台灣話，讓情緒表達更有「現場感」。疑懼不安的眼神相較於她明朗的表情，特別讓人印象深刻。

這麼多人害怕爸爸，更怕自己像爸爸。我不禁想起，自己也會害怕父親失望，也曾因爲考試沒考好，想到父親嚴厲的眼神而心情忐忑，遲遲不敢進家門。但是這一切驚惶，都隨著父親過世而淡去，恐懼已被思念取代。但是不知道爲什麼，我還是什麼都沒說，繼續沉默。

小倩開玩笑說：「下次我們應該把爸爸都帶來。」浩威頗爲贊同地附和：「很多共同點哦，也幫爸爸辦一個工作坊吧。」

「是啊！」坐在大姊右邊的唐果發言。他戴著細框眼鏡，穿著乾淨整齊的襯衫牛仔褲，頭上頂著剛燙過卻未仔細梳理的及肩亂髮，右耳際還掛著兩個金色小耳環，這個充滿書卷味的斯文男孩，用小細節表達了他的「率性」和「沒那麼乖」。「剛才大姊，」唐果故意停頓叫聲「大姊」，把大家逗笑了。

唐果接著說：「小時候，我也很怕爸爸。我爸給過我一支手錶，其實那是支老錶，不久後秒針就掉了；再過一陣子，分針也掉了；又過沒多久，錶就完全不能走了。我很害怕，擔心爸爸發現錶壞了。我把手錶拆開亂修，沒修好又把蓋子蓋回去。我還是每天帶著錶，時時刻刻都看牆上的鐘，隨時注意時間，我怕萬一爸爸問我幾點了，我卻答不出來，他就會發現錶壞掉了的祕密。後來他還是發現了，結果怎樣我倒忘了。」唐果是個「說故事高手」，兒時的恐懼被他說得生動有趣，衆人被他逗笑了，彷佛坐上他的記憶回溯機，回到「案發現場」。

「長大後，卻不一樣了。我故意要『吐我爸的槽』，我要別人覺得我怪，覺得我無法分類，我就是不要規矩，因爲我爸就是非常循規蹈矩的人。」喔，頭頂上的亂髮和耳垂上的裝飾，就是這意思嗎？不知唐果的父親如何回應兒子的改變？但是我還是保持沉默，沒開口詢問。

媽媽何時回來？等待的恐懼無邊無際，聽到哀傷的音樂，眼淚就會流下來。

「改變滿大的，以後在團體裡可以慢慢說。」浩威說罷，眼睛轉向坐在大姊左邊，膚色黝黑、笑起來甜甜的女孩，那是從台大打球回來的晴子。她說自己最深的恐懼來自兒時的記憶，「讀小學時，爸媽如果吵架，媽媽就會離家出走。不知道何時會回來，也不知她會不會回來，等待的恐懼無邊無際。那時聽到哀傷的音樂，眼淚就會不知不覺流出來。再大一點，爸媽摩擦少，媽媽也比較不會離家出走了。即使出去，我也知道她會回來，就不會怕親人的分離，因爲害怕也沒有用。」

聽完晴子的恐懼，浩威若有所感地轉向吉吉說：「父親的期待讓妳有壓力，可是妳不會逃；而晴子覺得害怕沒用，怕多了也就不怕了；而唐果乾脆就換個方向，用一生吐他爸的槽。可是妳都不會這樣？……」

吉吉想一想，順著浩威的詢問反省自己對爸爸的完全順從：「我覺得爸爸很疼我，疼到後來讓我變得沒責任感。像上次跟王醫師面談後，我回去跟媽媽說，只要我入選，我就贏了！媽媽說：『妳就只想要，卻不懂得珍惜。』我又跟媽媽說：『我好擔心喔，王醫師是精神科醫師，如果他選上我，是不是表示我有病呢？』我只想爭取，想要贏，可是卻不知道有什麼意義？」

浩威聽完笑了笑，接著點出她的矛盾：「妳害怕父母對妳有期待，可是妳一得到，馬上回去跟媽媽講：『我得到了！』」

吉吉完全不反駁，只是無奈地說，自己對父母的依戀很深，所以沒辦法跳出來。浩威揶揄她說：「我感覺妳是我們之中最幸福的。」

那天你喝了點酒，很放鬆，卻堅持不做決定，是因為害怕失控嗎？

坐在浩威左手邊的阿勳，國字臉上殘留著沒有刮淨的髭鬚，是團體中最年長的男性。他輕描淡寫地說，自己從事自由業，在家寫文稿，難怪看起來悠閒從容。他之所以來參加工作坊，是因爲兩天前坐車經過月刊，順道來拜訪老朋友，剛好遇到浩威。因爲工作坊較少男生報名，尤其缺少阿勳這個年齡層的男士，所以浩威大力邀請他來參加。

阿勳先喝一口水，慢條斯理地說：「『恐懼』對我來說相當模糊。好像有很多事情是恐懼的，可是仔細一想又不構成恐懼。我現在還沒想得很清楚，很難說清楚。」阿勳無法具體說明自己的「恐懼」，帶著疑問似地看著浩威。

「說清楚那麼重要嗎？我覺得你很努力用很清楚的字眼來形容你的恐懼。像那天邀請你參加工作坊時，你滿猶豫的。我想，當時應該是最放鬆，因爲剛喝了一點酒，可是你卻堅持不做決定。好像你覺得事情最好還是在控制之內，變動是很大的恐懼嗎？或者，失控是很大的威脅？雖然你看起來那麼瀟灑。」浩威微笑質疑，像在幫阿勳挖掘他自己還沒明確覺察的「恐懼」。

「失控嗎？因爲這個邀請是突發狀況，如果答應，生活會受影響。後來我想想，這是特殊機緣，到底這活動能讓我學到什麼，把我帶到哪去？於是就決定來參加。」阿勳猶疑不定，還在思索，一時無言。

「說到失控，」盤踞在另一角落，乍看與阿勳年齡相近的阿陌，也是今天最早到的成員之一。弓著身體，蹙著眉心，嘴角下垂，不敢鬆懈的神情，讓人感受到她拘謹嚴肅的態度。扶扶鼻樑上的鏡框，阿陌坐正說：「我的恐懼是害怕改變。大學畢業典禮一結束，我就去上班，一做就是二十幾年。人到中年，更怕改變。我一直不敢去學開車。我女兒常埋怨我不會開車帶她去玩，可是我害怕自己不能控制方向盤，所以都坐公車，甚至連摩托車也不敢騎。我喜歡把事情安排得好好的。害怕意外，我會找很多理由阻止自己改變。」

「包括現在坐的位置，也是怕改變的結果？」浩威看著她。阿陌點頭，摸摸身旁的書櫃說：「我會盡量去找一個角落的位置，兩邊有東西保護著的。」

人到中年，就會害怕改變？是因爲愈來愈意識到自己的有限性，知道不可得的東西愈來愈多，所以安全感愈來愈少？我到現在還在嘗試摸索的階段，老是想改變現狀，過幾年後，我也會從渴望變動到期待不變嗎？阿陌旁邊坐的是穿粉紅長洋裝的素素，淑女打扮的她，到目前爲止，臉上總掛著淺淺的微笑，聆聽成員們的分享。她說：「我獨自住一間公寓，因爲房東很少回來，有時我一個人睡，聽到奇怪的聲音，就會胡思亂想睡不著，所以我習慣放著音樂睡覺，就算是一首歌沒聽完我就睡了，還是要開著收音機。如果有人問我會不會怕？我都說不會，因爲我已經這樣過了五年。可是睡覺時，門都要加一道鎖，感覺比較安全。但是我又憂慮，萬一發生火災，又要多開一道鎖，危險豈不提高？我就是會東想西想，很沒安全感，工作又常常要加班到很晚，都是一個人走回家，回到家也是一個人，最近社會又滿亂的……」素素嘟著嘴，無奈地嘆口氣，她的聲音高亢，表情和語調都很活潑地蹦蹦跳跳，感覺是個熱情的人。

素素停頓一下，羞澀地笑笑說：「剛才阿陌說她不敢開車，我也是。我也怕失控，開車碰到的問題是無法控制的，我會害怕。假如有一條很直的路，兩邊都沒有車，我就敢開車了。所以，我也害怕改變，因爲那是未知。」

我不敢做承諾，因為一固定下來，我的夢也變少了。

又是寂靜。浩威的眼神又點名了：「淑麗？」唉，終於點到我了，數一數到現在還沒開口的人也沒幾個了。我先介紹自己是月刊編輯，害怕的事情很多，可是現場想到的恐懼是：「這個工作是我做最久的，從前年畢業到現在，這是我第三個工作。前面兩個工作都不會超過四個月，雖然其中一個是雜誌社倒了，不能怪我，可是我總覺得我什麼工作都做不久。我在這裡有八個月，自己都覺得不可思議。剛才有人講過怕變動，我剛好相反，怕過於安定。畢業後的第一個工作，是個朝九晚五的工作，我每天都得算計何時必須上公車，走到那根柱子時該是幾點，否則我一定會遲到，每天連刷牙洗臉上廁所的時間都被固定。

「有一天，我夢見好久不見的老朋友，醒來時哀傷地坐在床上發呆，我看到時間一分一秒過去，我知道自己快遲到了。雖然我有穩定的經濟來源，可是我二十幾歲，就可以看到我五十歲的生活了，這樣的想法逼使我無法找一個固定上下班的工作。我媽常會灌輸我說，當個公務員或老師多麼好，可是我無法做太固定的工作，對我來說這樣才有可能性。我也沒辦法想像生孩子買房子，這些會阻礙我變動，逼我安定下來。如果不再有變化，我會很害怕。」

是追逐理想還是自我放逐？理想似乎變成掩蓋恐懼的藉口。

浩威接著回答我的恐懼：「我有些直覺，雖然妳和晴子採取的生活方式不一樣，可是妳們處理恐懼的手法很像。比方說，為了不害怕，索性就主動沒感覺，反正害怕沒用。我的工作就不得不穩定。我以前跑到花蓮，當時自認為大家都留在台北，自己不必也跟著擠在這裡，所以就勇敢地跑去花蓮工作。可是也會自問，到底在追逐理想？還是自我放逐？理想好像變成掩蓋恐懼的藉口。我會把淑麗的經驗想成自己經驗的投射——不太敢定下來，覺得定下來好像要負責任，就是要有成就感，要有車子、房子，果眞那樣似乎會有什麼死掉了，也會覺得做久了成績到底在哪裡？」

「做久了成績到底在哪裡」，這是我不斷轉換工作的原因嗎？我害怕檢視自己的工作成果嗎？這個角度是我以前不曾思考過的，以爲是在尋找理想，其實是自我逃避？看我一臉困惑，浩威笑說：「我會有這種感覺，跳躍很快哦！」

坐在光暈底下的唐果說：「大家講的我都很有共鳴，尤其是剛才聽——威哥，」唐果暱稱浩威爲「威哥」，衆人一聽都笑開了。唐果正經地說：「聽威哥講時，我就想到小時候，總是走固定路線去上學，感覺很無聊。每次要走那條路，就覺得很難過，有時還要提著哥哥姐姐的便當，很重。有一次看到一輛發財車，停在我家巷口。引擎還在動，我突然想坐車去上學。車子後面有個踏板，我站上去，車子就開了。眞的開了，我好高興喔！開了幾百公尺後，突然間我想，這車子要去哪裡？如果開到大馬路，我穿著制服，抓在車後，別人會不會覺得奇怪？想到這裡，覺得很恐怖，於是我就跳下來。那時候不知道有加速度，跳下來後，我就往前仆倒，往前滑行，滑得很遠，滑到一個麵攤前，麵攤前有許多大人納悶地看著我。

「對我來說，我一直在尋找可能性的東西，像騎摩托車，我希望騎愈快愈好，跟別人貼得愈近，幾乎可以合爲一體愈好。記得有一次遇上一輛公車，煙很多，我覺得好煩，故意跟它貼很近，近到讓那公車打斷我的後視鏡，突然間我才覺得恐怖，只差一點點我就完蛋了，可是又覺得很爽，但那時候是恐懼的感覺比較大。失控的當時雖然恐怖，但那瞬間又很快樂，我對淑麗講的可能性，又愛又怕。」唐果活靈活現地說著，往事歷歷如在眼前。

唐果說我害怕安定是因爲想尋找可能性，浩威說我怕安定是因爲害怕承擔責任，過去的我，擅於描述現象，卻不曾深入探索，找出問題的癥結，我得再好好想一想。

生命一成不變是恐懼，變得厲害也是恐懼，到底怎樣是好的，我也很困惑。

看起來很 man 的阿正，頭髮理得短短的，酒渦掛在唇邊，笑起來憨憨的。他和唐果一樣，學哲學，也是男性保障名額內的一員。他搔搔頭後認眞說，「安定與否必須在危險和變動中去談」，遣辭用字精確得像在回答嚴肅的哲學申論題。

「我父親有精神疾病，我媽必須照顧他，所以很小我就覺得該自謀生路。我從國中起就開始打工，千奇百怪的行業我都做過。最糟的狀況是，高中休學後獨自上台北工作，身上只剩五百元，用完後就沒著落了。那時候，都做些社會底層的工作，像挑磚塊、當泥水匠，我還曾在特種營業的場所做過吧台。危險是隨時隨地的。我曾經遇過一個客人，喝醉酒不高興，就抓起大哥大就往吧台摔，一摔杯子全破。當時，我沒有任何反應，事後有少爺問我，為什麼不害怕？我說，當時先是嚇呆了，再來是求生的本能，因為不能得罪客人。所以我覺得，選擇安定或變動都是其次，重要的是韌度，讓生命去磨。」

阿正分享了他在「江湖上」打滾的豐富經驗，間接回應了選擇「變動」或「安定」的問題。能感覺恐懼、甚至還能逃離恐懼，表示生命還有餘裕，有對象可以求助，這些可能都是幸運。但是阿正已行到水窮處，身上所剩不多，不能依賴父母的他，毫無退路，也沒有選擇的餘地，只能想辦法讓自己活下去。

在變與不變的話題中深入探索，將近十點，氣氛卻因逐漸熟識而活絡，浩威忍不住打斷阿正，說要下期待續。

小倩忍不住問道：「可以先公布下次談的主題嗎？回家先作準備。」談了三個小時，阿陌疑問地問：「這樣的團體有治療的作用或者只是分享？」晴子也帶著困惑說：「這次的主題是『恐懼』，我說出了我部分的恐懼，不太知道這主題再延續下去會怎樣？大家對彼此的瞭解，會隨著主題增加。還是……？」

浩威略略調整坐姿，像要做個慎重的結尾：「剛才提出的問題，面談時也有人問過。其實自己當精神科醫師，有很多思考和困惑。我以前念社會思想方面的理論時，受米歇爾・傅柯（Michael Foucault）的影響很深。他是反精神醫學的。他認爲精神醫學相當父權，強調專業，強調權威，整個治療的過程就是個社會控制的過程。我很不喜歡，一直想要跳出這個窠臼。所以遇到有人像阿陌這樣問我，我會說：『我沒有能力治療妳。』我習慣性這樣回答。我似乎害怕負責，所以就會講團體要民主，權力下放給大家，或許這是種說法吧！

事實上，生命每個階段都有些合理的講法。像我去花蓮時，就告訴自己去花蓮很好，實現理想。打算回台北時，就說過去都在自我放逐，現在該回家了。到底怎樣才是生命的歷程？我也在思考。可能活到最後會覺得生命一成不變是恐懼，變得太厲害也是恐懼。到底怎樣才是成熟，才是被治療好了，我也很困惑，所以我寧可開放這部分的思考空間。可是在今天的分享過程中，我又忍不住會用自己的經驗去判斷。比方說，我會反覆追問吉吉和爸爸的關係，事實上我在整個過程中，內心一直預設著立場，想說妳將來一定會叛逆。」浩威朝吉吉點點頭，吉吉臉上掛著不置可否也不急於反駁的笑容。

浩威繼續說：「爲什麼今天先講『恐懼』？我覺得人生應該先從恐懼開始。像晴子說的：『媽媽走了，不知道何時回來？』那種恐懼是很深的。我們都比較幸運，父母親很快就回來，所以我們失去還會害怕，可是晴子害怕也沒有用，到最後只好不怕了；不過像吉吉的害怕就有用，爸媽就會叫她回台灣，不必再留在國外拿學位。

「至於團體能夠達到怎樣的效果？我並不預作預設，就順其自然吧！我也不希望先公布下次要談的題目，讓大家回去先做準備，我怕每個人覺得自己沒講完，就不能安心聽別人講的。好了，今天就先到這裡吧！」這個工作坊只是彼此生命經驗的分享，或者是具有療癒效果的治療團體，浩威並不多做設想，或許要走到最後才能知曉吧。

＊　＊　＊

王浩威的情緒筆記——

當初選「恐懼」做爲我們團體開始討論的主題，是因爲彼此的「陌生」。所謂陌生，不只是身分的陌生——成員們彼此不認識，也包括心理環境的陌生——

因爲大部分的成員都沒有參加過團體。在陌生的環境下來談自己，把自己平常都很少想也很少講的東西拿出來，本身就是很陌生的舉動。

要求才剛認識的人，馬上坐下來說自己，是一件不容易的事。所以，團體開始時，身爲團體領導者的我只好施加一點壓力，比方說自我介紹的安排，已經暗示每個成員遲早都要開口說話的。

每個人面對陌生的環境，反應也不太一樣。從一開始徵求哪個人先講時，大家都保持沉默。團體的沉默會將恐懼的感覺累積，直到有人受不了就會跳出來說話。在我們的團體裡，首先出來說話的人是小倩。當小倩講完沒人接應，她自己還是感受到壓力，因爲衆人的焦點仍集中在她身上，所以她只好笑兩聲，然後說「我說完了」，表示沒她的事，讓其他的成員來承接她的壓力。

我們可以從一個人表達的方式，來觀察他如何處理恐懼的問題。比方說，談「恐懼」時，愈逼近話題的核心，笑聲就愈多。「笑」其實是自我保護。笑聲很誇張，或以扮小丑的戲謔口吻來說話，這是一種方式。還有一種則是「自我疏遠」——把自己當作「他者」來敘說，好像在說別人故事似地談論自己的故事，敘述的主體雖然是「我」，但自我並沒有隨著敘述的過程，感受到同一時刻的情境。說話者雖然談的是自己，他的語氣卻平靜理智，這種把自己客體化的現象，也是爲了掩蓋恐懼。另外還有一種，則是說話時很緊張，會發抖、不知所措，這是比較傳統常見的。

成員在這個陌生的團體中雖然感受到壓力或是恐懼的情緒，但是在當場並沒有人主動說出來。大家說的都是過去的故事。雖然成員之間未必擁有眞正的熟悉感，但把故事說得很精彩，讓彼此可以共同抛掉原來的陌生，恐懼就可以假裝不存在。在團體中，講過去的經驗當然有意思，可是如果講「此時此刻」，立即抓住當下互動的感覺，其實對自我情緒的訓練和探索會更有幫助。

至於在恐懼的內容方面，很多成員都提到離開熟悉的事物，是他們恐懼的原因。比方說吉吉離開家出國拿碩士，每次都在電話裡哭得喘不過氣來；或者說晴子在等媽媽回來，不知道媽媽何時回來，等待的過程中恐懼就無邊無際地蔓延，因爲媽媽是熟悉親近的對象，一消失就會讓人很恐懼。

不過，親近的對象——比方說像爸爸媽媽——也有可能是恐懼的來源：因爲擔心他們眼中的自己不夠好，他們一出現，我們就會想到自己不夠好或者被指責自己不夠好，於是恐懼的情況也會出現。另外，阿妹提到爸爸動輒發脾氣摔東西，讓她很恐懼，親近的人或某些特殊的情境造成習慣性經驗所引來預期的恐懼，也是常見的。比方說看到爸媽回來，就想到爸媽可能會吵架，心裡就開始產生擔心恐懼。

怕自己失控，也是害怕喪失熟悉感。害怕失去對自己的熟悉，對周邊環境的熟悉，也是另一種常見的恐懼。阿陌會阻止自己改變、大姊害怕自己生氣、素素擔心住處發生火災或有壞人侵入，人在面對無法預測、無法掌握的突發狀況時，難免會產生恐懼。至於有人提到，無法忍受一成不變，害怕太熟悉，怕失去活著的感覺，這是屬於存在的議題，就是有點像挪威表現主義畫家的先驅孟克（Edvard Munch）的畫作「吶喊」，生命窒息到讓人非吶喊不可。

情緒出路

恐懼主題始終圍繞著熟悉和陌生，可掌握的和不可掌握的。對人們來說，未知的一切包含所有可能的風險。如果能熟悉掌握，就可以排除風險和無法預期的變動。那麼人該如何看待恐懼呢？我們可以將恐懼看成是對個人自在狀態的考驗。有的人面對恐懼是不斷地迴避，這種人活得很用力，努力維持一種平衡，所以他會迴避任何背後隱藏風險的舉止，其實那當中有很深的恐懼，就是擔心失控，害怕瓦解；而愈自在的人，愈不需要迴避這樣的失控，所以恐懼跟宗教上的修行也有關係。對於某一個年紀以上的人，如果神情自在，我們常說這個人是智慧老人，總是笑咪咪的，像是已見識過人世間的大風大浪，面對各種可能的變化和風險，他都能隨遇而安，所以我們倒是可以用「脫離熟悉的環境會不會恐懼？」來觀察自己內在的修爲。

延伸閱讀

1. 《恐懼與希望》　丹・巴望著　知英文化
2. 《論恐懼》　克里希那穆提著　方智
3. 《天使走過人間：生與死的回憶錄》　伊莉莎白・庫伯勒－蘿絲著　天下文化
4. 《凝視太陽：面對死亡恐懼》　歐文・亞隆著　心靈工坊
5. 《焦慮與恐懼自我療癒手冊》　Edmund J. Bourne 著　心理
6. 《轉逆境爲喜悅：與恐懼共處的智慧》　佩瑪・丘卓著　心靈工坊

第二課

寂寞。在人群中銷聲匿跡

害怕寂寞，就更要去凝視自己的寂寞。想想自己無法忍受的是什麼？
不經思索找個人來陪，恢復到不寂寞的狀態，
究竟是得到更多，還是失去更多？

外頭下著小雨，十二月的寒流，天氣冷颼颼的。第二次聚會，活動室中央擺了一張小茶几。浩威感覺得上回大家坐得太零散，承受不了逼近話題核心的壓力時，輕易就躲進各自的小角落，或許這次可藉助小茶几將人圍攏過來。

具實驗性質的小茶几上，放了茶水和糕餅。真是奇妙，先來的人都圍攏在茶几邊喝茶聊天，果然符合浩威的「期待」。雨夜中，十二個人圍坐在茶几邊，就著昏黃的燈光和熱茶點心，外頭的風雨變得遙遠。但彼此還不算熟的人靠得那麼近，近得連想閃避迎面而來的眼神都毫無空間。

難過的寂寞突然湧現，我已許久不曾有這感受，可是年紀大了卻跑出來。

坐定位後，浩威宣布今天要談的主題是「寂寞」。唉，坐得這麼近，要談「寂寞」，實在讓我不安，我悄悄移出圈子外一點點，企圖減輕壓力。「『寂寞』是很普遍的情緒，而且很早就開始。晴子上次說等媽媽回來的那一幕，還記得嗎？說說更具體的感覺？」浩威凝視著桌子對面的晴子輕聲問。

「啊！」晴子意外自己第一個被點名，「好像是躺在床上，很大的床，我躺得歪歪的，聽著音樂，像在等誰回來。啊，這麼突然的狀況下要說，好難……」

「那感覺應該很強烈，可是一下子說不出來，甚至不容易去想，因爲不熟悉了嗎？」浩威盯著晴子問。

「哈，我已經記不清楚了，即使後來聽到相同的音樂，我也不會那麼悲傷了。」晴子吐吐舌頭，以笑容化解壓力。上次她分享了很深的「恐懼」，不過目前看來，晴子這條引線暫時點不燃。

燈光迷濛昏暗，衆人靜寂，或許腦中有很多寂寞片段閃過，卻還不到說出口的時機。浩威打破沉默說：「寂寞跟孤獨或許要分開看待。孤獨是很好的享受，寂寞就比較難受了。我初中時獨自到台北來唸書，那時候個子很矮，坐公車還拉不到拉環，所以就乾脆走路回家。我在台北一個人走來走去的經驗很多，這種孤獨感我覺得還不錯。

「不過前年去環遊世界，到最後實在很累了，最後一站到阿根廷。那時候去看個海獅，動輒就是幾百公里的車程，放眼望去千里無人。玩了一天回到旅館，發覺身上只剩下美金三十元，因爲當地不能刷卡，所以我只能節省地花錢，每到用餐時間，別人去餐廳吃飯時，我就在外面啃麵包，然後每天看著錢慢慢變少。那時候住的旅館很高，外面就是港口，接近南極點，整個海藍到……。」浩威停頓下來，輕輕地搖搖頭。「感覺像被天下遺棄了。玩得很累，身上沒剩多少錢，到底要前進還是後退？很難過的寂寞突然湧現，我已經很久不曾有這樣的感受了，可是年紀大了卻跑出來。那很像……記得小時候曾做了個夢，夢見全家要去阿嬤家玩，只剩下我一個人。醒來時家人都在屋內，根本沒這回事，可是我哭了一整天，哭得很慘，是被拋棄的感覺。這一幕常常在腦海浮現，從沒有離開。」黑暗中，有一聲輕輕的嘆息。晴子搖搖頭說，聽不懂。浩威笑著說，沒關係。

家人不聽我訴說，之後我做了個重大決定，不再開口跟他們說話了。

一會兒，坐在茶几邊緣的大姊，雙手抱膝說：「我清楚地意識到寂寞，是要考高中時。學校老師都認爲我必須到台北來考，他們認定我一定考得上，那會是他們的光榮。可是我的壓力是，我爸覺得女孩子不必讀太多書，我怕萬一考不好，爸爸就不讓我唸了。老師又跑到家裡來跟我爸說，你一定要讓女兒唸書。我讀得很寂寞。有一次在浴室裡狠狠地大哭，哭完之後，擦乾眼淚走出來又是一條龍，好像什麼事都沒發生。後來我眞的考上北一女，從基隆通車到台北來上學。晚上放學回去，尤其是冬天，天色都暗了，有時候還下雨。坐在車子裡，看著窗外遠處的燈光，覺得自己累了一天，肚子也餓了，回家卻還要做飯，寂寞的感覺就會浮現出來，很像『冠蓋滿京華，斯人獨憔悴』的感覺。」

大姊談起寂寞，反倒敲開了晴子的記憶之窗。她說：「考高中時，我問家人要不要陪考？可是他們都說不能去。我很少主動邀人家陪我做什麼，可是這是滿重要的一件事，而我竟然被拒絕了。記得剛上小學一年級時，什麼事都覺得很新奇，回家就講給媽媽聽，媽媽說我講得太長了，一臉不耐煩的表情；講給哥哥姊姊聽，才說到一半，他們會突然轉過頭去，做別的事情；講給爸爸聽，我爸卻說：『不要吵，我在看新聞。』因此我做了個重大決定：再也不要開口跟他們說話了。之後我變成了一個非常努力讀書的小孩。放學回家，我就坐在書桌前做功課，不跟家裡的人說話，很多話我都是自己跟自己說。有一次，哥哥居然就在我旁邊跟媽媽說：『妹妹可眞自私啊！』就在我身旁說我的壞話，好像我根本不存在，像個石頭，沒有嘴巴也沒有耳朵。我也不出聲反駁，心想就當個石頭人好了。我想：『總有一天你們會明瞭！』可是每次當我想到『總有一天』，就很難過，因為那一天指的就是我死的那一天。當時我年紀還小，不曉得何時會死，好像很遠。啊，對不起我很容易哭，……」

耳邊突然傳來激動的哽咽聲，我抬頭一看，晴子哭了。晴子找出手帕拭淚，她不好意思地邊哭邊笑著說：「對不起，我有準備，我很愛哭……」

因為我害怕被拒絕，所以情願先選擇獨處。

「我覺得考試是件重要的事，所以我滿喜歡陪考的。」外表嚴肅的阿陌，出聲緩和晴子的情緒。晴子擦去淚痕，接著說：「去年學校要我做教學觀摩，雖然已經準備得差不多了，可是當時就想『砰！』地從二樓跳下去。」

浩威訝異地問：「爲什麼有這麼強烈的感覺？」

「唉，」晴子幽幽地說：「可能也是寂寞吧！我覺得在學校裡，我並不被喜愛。在學生面前，我必須顧慮到形象，我心裡不免會抱怨：『你們怎麼看不清我的眞面目呢，眞討厭！』在同事面前也是，他們並沒有把我當成其中的一份子。那一次我被選爲國文科教學觀摩，就是因爲他們覺得我不屬於他們，陷害我比較不會良心不安。那種被孤立被陷害的感覺，好難受——難過到好像沒辦法完成教學觀摩，於是就想跳樓。我在學校很孤單，孤單並非我所樂意選擇的。長久下來因爲我害怕被拒絕，只好自己先選擇獨處。」

晴子的笑容，和煦有如冬日裡的暖陽，內心卻有這麼強烈的孤寂感，聽起來有極大的反差。

下著雨的除夕夜，突然想找人說說話，於是我撥了「一一七」。

「我也有很長一段時間獨處，」是大姊的聲音。她緩緩抬起頭說：「有十幾個除夕夜，我都是一個人過。自己到木柵山上走走，很寂寞。可是有個下雨的除夕，冷清得讓我無法忍受，突然很想找個人說說話，但是除夕夜裡每個人都在跟家人團聚吧，不知道可以找誰？所以我打『一一七』。聽到有人說話的聲音後，自己慢慢安定下來，這寂寞就被打發掉了。」

十幾個獨處的除夕夜，那樣的孤寂我實在無法想像。害怕寂寞的我，恐怕難以承受，但是大姊卻「堅強」得靠著呆板的報時語音就能撐過去。素素開玩笑地建議，或許下次可以改打障礙台或氣象台，內容可能比較有變化。可是，除夕夜呢，或許人工接線的查詢電話應該也轉成機械語音了吧！我不禁好奇，大姊怎會如此寂寞，想找個人聊聊都困難？她沒有家人或者朋友可以陪伴她、聽她說話嗎？我還不敢問，或許以後會慢慢揭開謎底吧。

初中就有自殺的念頭，百分之九十九的我都很樂觀，但我又喜歡這百分之一。

浩威看著大姊說：「我覺得寂寞時，是銷聲匿跡、離人群最遠的時候，最不可能找人傾訴。高興恐懼或者其他情緒，似乎都能講，唯有『我很寂寞』，似乎很難說出口。寂寞的感覺有時不舒服，有時卻讓我滿喜歡的，接近——想自殺的感覺。我剛才講到阿根廷旅行，其實只講一半。當時住的旅館很高，有點想跳下去。這種想像在我的生命中常會重複出現。我害怕這種感覺，可是我會告訴自己不要怕，我現在就試著講出來。不曉得爲什麼會這樣？我初中開始就有想自殺的念頭。我百分之九十九都很樂觀，可是我又很喜歡這百分之一。」

習於治療別人的精神科醫師，竟然也是個想跳樓的傢伙？眞不知道該驚訝還是該安心，沉默了幾秒，浩威苦笑問：「我這樣正常嗎？」

大姊故作開朗地提高嗓音，像要打破令人焦慮的寂靜：「嘻，大師還問我們嗎？不過，當你想要自殺時，什麼樣的情境你會眞的這麼做？」

「我是從來沒有自殺過，因爲百分之九十九的樂觀還在。可是我滿喜歡這種念頭，這可能是我另一種生命力量。在我個性深處，喜歡別人覺得邪惡的一些念頭，雖然我從來沒實踐過，可是很高興自己有這樣的念頭。有一次我寫過一篇文章，是說我開車出車禍，那狀況其實是我開車不要命，上次我聽唐果在講飆車，就很有共鳴。」

明明有很多人聚在一起，可是我的心卻很寂寞。

浩威旁邊的阿勳，帶點不可思議的語氣感嘆說：「威哥這樣說，讓我很驚訝。自殺對我來說是無法想像的，因爲我從來沒有這樣的想法，相當陌生。」

浩威很有興趣地轉身詢問阿勳：「你呢，你是怎樣？」

盤著腿的阿勳搔搔頭說：「硬要說寂寞，也不是那麼深啦。平常跟朋友喝酒，喝到有點醉時，聊起心底的事，相知的感覺很快就跑出來了，覺得很契合。可是想再進一步深談時，如果有人突然把話題轉去談生意或其他，差了十萬八千里，想跟對方分享的心情被打斷了，可是情緒卻停留在剛剛那裡，就會覺得很惋惜。」

「感覺被拋棄了？」浩威笑著。

「想把那種美好的感覺再拉回來，可是又無能爲力。明明有很多人聚在一起，可是我的心卻很寂寞。」阿勳摸摸胸脯苦笑說。

小倩反應極快地建議：「他在暗示，下次桌上的茶應該換成酒才對。」大姊也接口建議阿勳：「你可以自己帶。」阿勳很興奮，忙問：「有人要分享嗎？」這問號像是拋進沉寂湖底的魚鉤，沉默半晌，浩威回答：「你可以帶多一點。」。

我想，和別人如此靠近，卻又能享受不必言語的自在，不是具備了長久相處的默契，要不就是擁有無畏於沉默的勇氣。而且，有人流淚，坦然地表達情緒，更是讓我有些不知所措。於是，我把自己偷偷挪出圈子外，逃避被包圍的壓力。

孤獨久了，我很希望有個人作伴，就算不說話，陪我走路我都高興。

半晌，上次在「恐懼」的主題中，分享了一個人獨居，每到夜晚，總要徹夜開著收音機壯膽才能入眠的素素，毋需以微醺襯底，就接續起寂寞的話題：「我從國中畢業後，就一個人來台北。唸書時還有室友，畢業後單獨住了五年。每天回來就關在房間裡，以前電話很多，不覺得無聊；可是電話少了以後，就有寂寞的感覺，什麼事都不想做，那感覺很糟。持續了一段時間，當我知道有這工作坊時，就馬上打電話報名，希望自己能走出來。」

素素繼續說：「去年，我和好朋友去美國玩。我是第一次出國，但她不是。途中我一看到新奇的東西，就很想跟她說，可是她的反應卻很淡漠。後來我發現，她常會看著皮夾內的男友照片發呆。事後她說，不敢告訴我，是怕我笑她。當時我很驚訝，因為我沒有那麼深的情感體驗，不知道戀人分離原來是這麼痛苦。自從知道她的祕密後，雖然我跟一群人一起旅行，卻覺得很寂寞，因為沒有人跟我分享心裡的感覺。」

浩威開玩笑說：「寂寞的旅行團？」

大部分時間都是一個人獨處的素素，似乎不太能享受寂寞的滋味，言語之間流露出明顯的寂寥。

削薄短髮，嘟著線條明顯寬厚的嘴唇，靜靜待在茶几邊緣的阿妹接著說：「我從小到大都沒有離家獨居的經驗，總是受到父母的限制。家裡曾經同時養過七隻狗，都是我一個人照顧。一到假日我的青春都浪費在這些狗身上，沒有時間靜下來處理自己的事。後來因為家裡發生事情，心情不好搬出來住，我才享有單獨的空間。我喜歡一個人靜靜做自己的事，當然偶爾會有寂寞的感覺浮現，不知道自己在做什麼，無事可做，也什麼都不想做，躺在床上，胡思亂想。走在街上，像個遊魂似地晃蕩。可是，我很喜歡那種感覺。」

坐在另一側的素素，以過來人的經驗，不以為然地說：「妳跟一大堆人住久了，搬出來當然高興。可是時間一久，我想妳也會跟我一樣，孤獨久了，我也會怕以後不知道怎樣跟別人相處。很希望有個人作伴，就算不說話，陪我走路我都高興。」

阿妹陷入沉思，沒有立即回應素素。停頓一下，浩威接著說：「我和素素的狀況有點類似，有時候覺得需要某個人；不過偶爾也會像阿妹一樣，覺得需要自己的空間。這兩種感覺都會出來。我剛去花蓮時，很怕自己會孤獨上癮。那時候住的宿舍很大，一些要好的朋友都有鑰匙，就算我在睡覺，他們也會自己開門進來。有時候覺得空間被侵入了，就會莫名其妙地發怒，突然發現自己對孤獨無法自拔地沉溺，遺忘了該如何跟人家相處。吉吉，妳好像一直跟家人住都甘之如飴喔？」浩威轉而把問題拋向吉吉——被浩威稱為工作坊的成員裡最幸福的人。

鴨子晚上都可以飛回家睡覺，我卻沒辦法。想家也算寂寞嗎？

吉吉回應浩威的點名，接著說起她的寂寞：「是啊，後來我離家唸書，媽媽每次送我去車站時，我就會覺得心酸酸的。寂寞的感覺，眞的很少，我總是有人陪啊！到澳洲唸書時，我跟弟弟住在一起。第一次上課，還是弟弟陪我到教室。弟弟一離開，我就開始害怕了，因爲教室裡都是我不認識的人。

「後來弟弟先回台灣，留下我形單影隻。記得學校裡有個池塘，裡頭養著幾隻鴨子，我就用很爛的英文跟同學講：『妳看，那鴨子晚上都可以飛回去睡覺，可是我都沒辦法。』後來他們看到鴨子都會笑我：『妳看，鴨子都可以回去，可是妳不行。』嗯，不知道想家是不是寂寞？」

「應該是吧！想到都在電話那頭痛哭了。」浩威笑著說。

「那是因爲害怕。老師講什麼都聽不懂，唸不下去了。」吉吉帶點撒嬌的語氣說。

「會不會是因爲那寂寞太深了，所以後來都不敢想？連鴨子都能回家，而妳卻不能？」浩威再問。吉吉似乎還沒深入地想過浩威的問題，因此只能茫然搖頭。坐在角落的阿勳不急不徐地接著說：「剛畢業那年，我進一家大公司當小弟，階級最低，只能坐在角落，等著別人叫我做事，偏偏一整天都沒有人叫我，我只能傻呼呼地看著別人，一點也不敢動，不敢去倒茶，不敢去上廁所，不敢開口跟人家講話。那時候是寂寞也是恐懼，所以想到『家』就覺得滿溫暖的。現在我把家經營得像是最後堡壘，所有的負面情緒回到家裡都可以得到安慰。」

「這好像跟吉吉講的很像——家是安全的堡壘。」浩威做了歸納。

那部電影像面鏡子，藉著鏡面反射，我看到心裡最寂寞的地方。

「家是安全的堡壘？」半天沒說話的阿正，語氣中有些許質疑。「我很小就有寂寞感。有部電影叫『新難兄難弟』。電影裡的主角回到過去跟他父親做朋友，可是在我的成長過程中卻缺少這一環。小時候跟別人打架，有人打輸了就會說：『我回家叫我爸來。』可是我沒有人可以叫啊！只好自己打下去，我不相信家是安全的堡壘。小時候爸爸生病，媽媽出外做事，後來我又因為受傷，不太能出去玩，常會覺得沒人瞭解自己，滿封閉的。即使有人陪，我多半還是會覺得寂寞。記得有一次看了『日出時讓悲傷終結』的電影。那時我和好多人坐在客廳看，可是卻湧起無法與人分享的寂寞感。那片子就像面鏡子，藉著鏡面的反射，我看到心裡最寂寞的地方，我徹夜失眠。我覺得那是沒辦法分享的東西，只有自己才知道。表面上雖然難過，實際上我又耽溺在那種寂寞裡，當時我住的是頂樓，就想跳下去不知道會怎樣？可是又擔心，萬一跳到一半不想跳了該怎麼辦？」

「想跳樓不只是我哦！」浩威打趣說。今天晚上到目前為止，已經有三個人講起曾有跳樓的念頭。阿正上回曾經說過，父親長期生病，母親忙著養家，為了不增加媽媽的負擔，他從小就得自食其力，社會經驗豐富，也因此養成他成熟內斂的個性，「有件事我印象很深刻，小時候我沒有零用錢，有一次好不容易擁有了，就很高興。有天晚上肚子餓了睡不著，想去買個包子。我偷偷把門打開，躡手躡腳跑出去。那個賣包子的太太說，天氣這麼冷又那麼晚還出來買包子，好像乞丐在跟人家要東西。我聽了很難過，回家後就坐在床邊哭，媽媽醒來問我發生什麼事？聽我說完很生氣，就帶我去找賣包子的太太理論。賣包子的人說，她不是說我，而是說自己那麼冷還在賣包子，像是跟人家討錢的乞丐。後來我想，自己怎麼會那麼敏感呢？可能心裡原本就不舒服，那句話只不過是導火線罷了！」

「為什麼怕人家說是乞丐呢？」浩威問。

阿正頓了一下，困窘地說：「小時候家裡的經濟狀況不是很好，父親沒有工作，只靠母親維持家計。小學一年級時，學校規定要穿黑色皮鞋去上學，回家跟媽媽說了，可是又沒錢買，所以我媽就拿罐黑色墨汁，把我原本的紫紅色皮鞋塗成黑色。唉，小時候眞的不懂，為什麼別人有自己卻沒有？」聽到阿正的媽媽拿黑墨汁將鞋子塗黑時，大家都笑了，但是故事中卻有濃濃的心酸。所以讓當年的那個孩子，牢記在心而成傷哪，以至於成年後仍無法忘懷。

我在婚姻生活中很寂寞，常會莫名其妙地哭，可是他都不能理解。

「唉，」看來纖細敏感的小倩嘆口氣說：「外人不管怎麼對你，傷害都有限。可是家裡的人，清楚你的弱點，就容易傷得深。剛結婚後，每到晚上十點，我就想應該回家了，因爲在婚前，我常在下班後先到他家聊天吃飯，十點才回家。我無法適應自己已經改變的身分，不太熟悉的公婆，我要叫爸媽，感覺上非常奇怪。我也不太瞭解他們的喜好、禁忌，跟他們沒有共同的生活記憶，當他們全家興致勃勃地談起某個認識的人時，我卻完全搞不清狀況，覺得自己像個外人。」

小倩細聲細氣地說：「結婚後第三天，是他們家三歲的長孫生日，那天是聖誕夜，全家人都得在家裡陪他，不能出去。當他們想照個全家福時，很自然地，我就被叫出來按相機的快門。他們始終沒有意識到，家裡已經多了一個成員，我是那麼自然地被排除在外。對於這個家，我完全不能按照自己的方式管理，必須遵循他們的生活方式。後來我解除寂寞的方式，就是不顧婆婆的反對，把婚前養的一隻狗帶到他們家去。我覺得再這樣下去，自己會瘋掉，原本應該是很快樂的婚姻生活啊！既然不能改變狀況，就帶一隻狗來作伴。」

「你們怎麼不搬出去住啊？」我忍不住插嘴問。小倩搖搖頭，表示無可奈何，這其中或許有一長串故事可說，留待以後慢慢揭曉吧。大姊接口說：「我在婚姻中也是非常寂寞，常常莫名其妙地哭泣。我很想要一個人喘口氣，可是對方都不懂。他會奇怪我爲何想要孤獨一個人？他曾經很生氣地質問我：『妳對我有什麼不滿意？』其實都沒有，我只想要有一個人的空間，可是他不能理解。基本上我比較相信『家庭會傷人』。就算在外面碰到事情，我也不會跑回家尋求幫助，我會自力救濟。」

是因為傷口太深了，所以選擇遺忘嗎？

到現在，寂寞的話題已經進行了兩個多小時。浩威點名說：「淑麗？」無可奈何的我說：「小時候，我有個很好很好的朋友，後來她要到台北唸書時，我非常捨不得。可是沒辦法。我爸爸怕影響我唸書，所以反對我們繼續聯絡。她離開後，我一直沒收到她的信。幾個月後有一天，我竟然在爸爸的抽屜裡發現好幾封她寫來的信，當時眞的是非常難過。我非常想念她，但是爸爸不能明白，當時我還太小，沒有能力反抗，所以覺得很灰心很無助……」回憶讓時空瞬間回到從前，勾續起當時的絕望心情，怕自己情緒失控，一時哽咽語塞，眼睛盯著天花板游移，想分散注意力。唉，眞想奪門而出哪！

浩威輕聲說：「沒關係。爲什麼寂寞那麼難處理？似乎都會碰到很深的東西。剛才阿正說沒有跟爸爸當朋友很遺憾。讓我想到，我跟爸爸距離很遙遠，不曾有過跟他當朋友的經驗。自從爸爸去世後，我才發覺，對他的記憶有一大段空白，只停留到小學二年級。當時我跟哥哥在後院打棒球，媽媽跑過來，說爸爸出車禍了。我們到加護病房之後，看到爸爸整個臉腫了，呈現豬肝色。當時弟弟年紀還小，哭著奪門而出。而我就告訴自己，要鎭定，要孝順爸爸。後來那記憶就斷了，直接跳到爸爸送我去坐車到台北來念初中。爸爸過世後，有次我跟媽媽聊天，我才瞭解，因爲爸爸出車禍之後，腦部受到重傷，奇蹟似地活下來，但是整個人卻變得疑神疑鬼，脾氣變得很不好，常在家裡亂摔東西。可是這段記憶我卻完全空白，我想可能是當時傷害很深，才會完全不記得。」

「你爸爸後來是怎麼康復的？」小倩問。

「他就在家裡慢慢復原，後來還是有後遺症，腳一跛一跛的。我從初中、高中到大學，都不讓爸爸去學校，甚至我到花蓮工作，也都沒有邀請他們去，因爲我不曉得怎麼跟人家解釋爸爸的腳？爸爸過世之後，我才開始慢慢分析跟爸爸的關係。」

「是因爲傷口太深了，所以選擇去遺忘嗎？」素素學著用浩威最常說的話，反過來分析他。

浩威輕輕地嘆口氣說：「傷得很深可是又無處逃。唉，沒關係，以後慢慢再說。大家可以講講對今天討論內容的看法。吉吉，妳要不要先說？妳今天很少說話。」

自我分析是一種哲學，我一有想逃的念頭，就告訴自己要趕快把那感覺捕捉起來。

吉吉說：「上次講完『恐懼』之後，我回去就跟媽媽說，王醫師說我是團體裡最幸福的人。我覺得很有意思，以前也有個精神科醫師說我是健康寶寶。我今天來參加團體，聽到別人分享，就有點寂寞的感覺，勉強想說些什麼，卻像是『爲賦新辭強說愁』。我以前常想，爲什麼爸媽不離婚？這樣我就可以找到難過的理由。我在想，你們爲什麼有這麼多話題，而我只能坐在一邊聽。」

在父母的呵護下，吉吉像是被捧在手心裡的花朵，未曾經歷太多的波折，這樣的人生，果眞是幸福的嗎？在溫室中成長的吉吉和從小就獨自出外打拼的阿正，似乎是強烈的對比。兩個成長經驗截然不同、互爲對照組般的人，竟然同時出現在這個工作坊中，後續如何發展，眞是令人期待。

浩威把頭轉向晴子說：「妳呢？妳今天講的話我感受很深。」

「我還是不清楚團體要走往何處。覺得大家都不是很熟，可是就——」晴子聲音有些顫抖，欲言又止。「交淺言深。」一旁的阿陌迅速接話。

浩威點點頭說：「如果妳有這樣的顧慮，隨時可以丟給我。這個團體要走多遠？我並不做預設。講太多了，自己挖得太深時，我也會怕。不過因爲長期的自我訓練，讓我覺得自我分析是一種生活哲學，所以我一有想逃的念頭，就告訴自己那感覺一定很好玩，要趕快捕捉起來。嗯，我好像有點自虐。要講多少，我不勉強，自己能承受多少，可以自己決定。今天的感覺是好久沒想的東西，怎麼又跑出來，很有意思，想花點耐心去反芻。眞的很高興參與這個團體。」

浩威做了個完美的結論，「寂寞」這主題就暫告一段落了。我起身往外走時，浩威叫住我：「如果要加入這個團體，就要坐進圈子裡來。」唉，連我偷偷摸摸地挪出圈子外一點點，也逃不過「精神科醫師」細膩敏感的觀察。原來在團體裡，「王醫師」把一切都看在眼裡，只是按兵不動哩。

今天談「寂寞」，有很多的嘆息、還有已經流下與尚未流下的眼淚，以及更多想跳樓的慨嘆。這就是「寂寞」嗎？地下室的小房間裡，成員們暖暖地交流著彼此的「寂寞」，而外頭正下著冰冷的雨……

* * *

王浩威的情緒筆記——

寂寞跟恐懼其實是相關的，所以在團體的討論裡，刻意把寂寞排在恐懼之後。恐懼是當下的，是亢奮的情緒反應；如果持續這樣的狀態，而沒有回到熟悉的領域，慢慢適應過後，取而代之的情緒就是寂寞。

寂寞其實是很古老的記憶，是屬於遙遠的童年記憶。在我們幼小時，爸媽似乎永遠在身旁，那時，甚至會以爲爸媽是我們的一部分。後來發覺原來他們是「別人」而不是我，其實也會消失不見的，恐懼帶來的焦慮就會出現。就像我們出生時躺在嬰兒車上哇哇大哭，通常啼哭兩聲媽媽就會趕緊過來。可是如果有一天，媽媽眞的出去了，哭了很久很久都沒人理睬，在恐懼過後，接受了分離的事實，寂寞的感覺就會湧現出來。或者等到我們要上幼稚園了，擔心的事果眞要發生了，媽媽眞的要離自己遠去，分離的焦慮也會產生。

寂寞跟分離有關，也跟成長有關。一個人在成長的過程中如果缺乏寂寞的體驗，其實是滿不健康的。從另一方面來說，寂寞是必然會有的情緒經驗，永遠都可能會被勾引出來，比方說在情感上失去依靠，或者是現實上飢寒交迫，遇到現實生活中大的困境時，都會讓我們覺得寂寞。就像晴子在講教學觀摩時，她被孤立被陷害的感覺；或者大姊在講一個人過除夕夜，雖然後來知道那是因爲她離婚的關係，可是在當時卻已經能感受到團圓夜卻孤獨的寂寞了。

因爲害怕被拒絕，害怕再次面臨被拋棄的狀態，所以寧願先選擇獨處，而拒絕任何的接近。從這一角度上來看，當拋棄的感覺來得太快速或來得太早，常會造成往後親密關係的困難。

不過，我們每個人在成長過程或多或少會面對這樣的難題，尤其是男性的成長，總被鼓勵要獨立不能依賴。所以男性爲了確定自己的男子氣慨，就要求自己索性不去依靠任何人。就像阿勳說，他只有在喝酒時，寂寞的感覺才會跑出來，可是他平常就不太容易會有寂寞的感覺。這或許跟他後來講的經驗有關，他提到小時候跟祖父母一起長大，祖父母或許沒辦法提供他情感上的滿足，所以他已經習慣孤獨地長大。這狀況和晴子先前說的情況有點類似。

因爲知道媽媽會離開，所以小孩子可能再也不敢黏著媽媽，也可能在媽媽回來後，又恢復依賴媽媽，卻擔心媽媽會再偷跑，變得更黏更依賴。可是，就像晴子或阿勳講的，我們經常是再也不能有機會永遠地黏住爸媽這樣可以抱我們、保護我們的對象了，被拋棄的時間愈長，需要別人來照顧的心就封閉得愈久，到最後就不容易再打開了。不容易打開的結果就是無所謂親近也無所謂寂寞，當然也可以說他們喪失了親密或寂寞的能力。

而吉吉的狀況比較特殊，很少有寂寞的體會，身邊一直都有人陪著，包括心情上也是有人陪伴照顧。我一直覺得她太幸福，也擔心萬一沒有人陪的時候，她該怎麼辨，她有獨處的能力嗎？

另一方面，寂寞可能是「念天地之悠悠，獨愴然而泣下」，天地之間你是被拋棄的唯一存在；也有可能是你處在擁擠的人群中，因爲不被瞭解，所以也是孤獨寂寞的。寂寞跟孤獨其實很難二分，可是有時爲了討論上的方便，把「寂寞」定義成期待有歸屬或有欲求想去滿足，而「孤獨」強調的是無欲無求，是自在的，耽溺在自我的小天地裡。

矛盾的是，我們雖然談到寂寞的難受，可是我們又強調享受孤獨，認爲孤獨可以讓我們覺得自在。有時候我們覺得需要別人，有時候又希望自在。或者說，我們一方面需要別人，可是別人一出現的時候，我們又會對他的存在感到有所在乎。我們的一舉一動都會在乎對方怎麼想，尤其是新出現的親密關係，像是剛剛談戀愛，還不到老夫老妻階段的情侶們。

不過即使是老夫老妻，一個人獨處的感覺跟伴侶在家的感覺還是不一樣，就像是他人不在，我們還是會覺得他還存在一樣。其實讀者們不妨自問，敢不敢在自己的房間裡裸體？或許連門都關起來，也確定沒人看到，我們還是覺得不自在。所以，孤獨就變成喘一口氣的方法，想辦法從令人窒息的人際關係逃脫，也算是能量的補充。

情緒出路

精神科醫師兼小兒科醫師溫尼考特（Donald W. Winnicott）說過「Dare to be lonely in someone else' arms.」，敢在別人的懷裡孤獨。如果我們在愛人懷裡也能自在，整個人在自己最在乎的眼神凝視下還能圓融爲一體，也就沒有所謂的緊張，隨時都可以自在地喘口氣，也就不再有煩累的情形。

每個人都有寂寞的過程，太晚發生寂寞或太早發生太長的寂寞，其實都是滿可惜的。我們常會不自主地想逃避寂寞，爲了逃避寂寞而找另一個人來陪。很多女性回顧自己的婚姻，經常是好不容易掙脫一個家，卻又很快地結婚而投入另一個家；或者男人離婚很快又結婚了。大部分的人對寂寞沒有承受的能力，所以很容易逃到另一個依賴或親密關係裡，來迴避掉深沉的寂寞。

事實上，寂寞可以讓人做出很多事後會覺得不夠理智的決定，後悔自己當時太過魯莽或草率。如果害怕自己的寂寞，可能就要去凝視自己的寂寞，思考自己沒辦法忍受的究竟是什麼？自己在乎的又是什麼？如果找個人來陪，恢復到不寂寞的狀態，究竟會獲得更多，還是失去更多？或許當初是因爲受不了窒息的感覺才決定離開，可是一離開又受不了寂寞，到底選擇要窒息還是寂寞？凝視自己的寂寞，仔細思考自己的需要，而別再受感覺所控制。

延伸閱讀

1.《孤獨》　安東尼・史脫爾著　知英文化
2.《其實，我的寂寞和你一樣：一位精神科醫師對孤獨感的解析和告白》　大原健士郎著　水瓶世紀文化
3.《神奇百憂解》　彼得・克拉馬著　張老師文化
4.《一個孤獨漫步者的遐想》　盧梭著　自由之丘
5.《孤獨六講》　蔣勳著　聯合文學

6.《孤獨》　菲力浦・科克著　立緒文化

7.《愛與寂寞》　克里希那穆提著　九州

第三課

嫉妒。綠眼睛的魔鬼

占有欲望是無所不在的。熱戀時的情侶常有恨不得吞掉對方的念頭，也就是巴不得與對方「融為一體」。不過「融為一體」是不可能的，所以第三者的存在常因捕風捉影而產生。

人們都是因爲什麼樣的原因而相識呢？工作坊的因緣又該如何解釋？一群成長背景不一樣的人，抱著不盡相同的期待，分享彼此的生命經驗，目的是爲了尋求認同、或者想更深入地了解自己，抑或是想請教王醫師，來解開生命中的困惑呢？或許，每個人的想法也各自殊異吧！

歲末天寒。第三次的聚會在過年前一個禮拜進行。一周一次的工作坊，讓我再度與其他成員見面時，總感覺有些陌生。等進到活動室的小房間裡，偎著昏黃的燈光，圍坐在小茶几旁，斷裂的熟悉感才能慢慢連繫回來。這樣的認識不同於一般，在工作坊的情境下，彼此分享深刻的人生經驗；聚談結束後推開門，出了活動室，在亮晃晃的日光燈下，清楚看見對方的輪廓，腦中浮現先前的分享，不免有些許尷尬。

「王醫師來了！」浩威一進來，大姊很熱情地招呼他，「我前兩天在報上看到王醫師的文章呢！」「是啊，我也在電視上看到王醫師。」大家七嘴八舌地跟浩威寒喧，他也笑嘻嘻地回應。他說，每次聚會前都會先睡一覺，讓自己精神好一點，才能專心聆聽大家的分享。

「還少了誰嗎？我們是不是要開始了！今天——」浩威沒說完，阿正匆匆忙忙衝進來，靠門邊隨意找了位置坐下。浩威接著說，「好啊！都到齊了。我們今天要談的是『嫉妒』。嫉妒……」「哇！」素素歡呼一聲，大家納悶地看向她，她得意地笑說：「被我猜對了！」素素開心的模樣，就像百分之百命中考題。

浩威繼續說：「講嫉妒，可能每個人的狀況不太一樣。不過，不可能有人天生就不嫉妒，頂多只是因爲後天的修養，才能少了一些嫉妒……」

那次受傷很重，覺得自己存在的價值被否定掉了，真想去她家放火。

「我號稱追過十二個星座的女生，可是只有兩個是認眞的。一個是現在的，一個是以前的女朋友。那次我失戀，是因爲有第三者介入，所以被拋棄了。」難得浩威沒說完，往常的沉默也沒來得及出場，就有人開口分享了——是剛剛才到的阿正。「當時感覺到強烈的嫉妒，心好像空掉了，什麼都不想做，時時刻刻都在猜想他們正在做些什麼，甚至還想報復。她家旁邊就是煉油廠，我甚至還有過放火的念頭。其實她要跟我提分手之前，我已經有預感了。可是事情還沒明朗化，兩個人寧可擺盪在曖昧的情況下，大概也不知道怎麼處理，好像也無力解決。

「兩個人談了很久還是無法挽回，就只能放棄了。不過麻煩的是，她有些東西寄放在我這兒，我請她來拿走。我跟她說：『妳來拿東西時，最好選我不在的時間，反正妳也有鑰匙。』沒想到我避開去上課，回來後她還沒走，而且那個男人也來幫她，所以三個人就碰上了。我呢，就摸著鼻子，故做瀟灑地靠在陽台上喝點小酒，那種感覺很難受啊！非常明顯的嫉妒，後來實在受不了，就催他們趕快走。我住的地方在山坡上，可以看到下面的車子。他們走後，我就注意看他們的車是哪一輛。當時的嫉妒感滿強的，如果有塊大石頭，可能就會拿起來往下砸爛他們的車，不過那只是想啦！」阿正說完嘴角下垂，做了個鬼臉，算是自我解嘲吧！

浩威興味盎然地問：「本來想問你一個問題……」

「你問哪！」阿正擺出輕鬆的姿態接招。

「那是你追過第幾個星座的女孩？你剛剛說，用情的只有兩個，是因爲這個女的，所以你後來都不用情，還是……」

「不是因爲她啦！我高中時就開始交女朋友，那時候不懂事，看到漂亮的就追，幾近『花痴』。我跟剛才那個女孩在一起大概兩年左右，不過失戀時也滿慘的。在這段過程裡，我學會了什麼是愛。」

江湖歷練豐富的阿正，總是一副瀟灑無所謂的模樣。不過當他嚴肅說出「我學會了什麼是愛」時，霎時間，眞情流露。

「是不是因爲以前都是你甩別人，所以比較無所謂，但這次不同？」浩威再追問。

「以前我不會去甩別人，是交往久了，覺得那人很無趣就不去找她，久了就淡掉了。而那次經驗受傷最深的，是覺得自己存在的價值被否定掉了，心裡很空洞。隔了很久之後，想通了自己的存在價值何苦建立在別人身上。」

他們之間似乎很親密，而我卻完全不知道。腦袋「轟」的一聲，像火山要爆發了！

「我想到我跟以前女朋友的關係，」短暫沉默後，坐在阿正身邊，也是學哲學的唐果說話了。說話時，習慣蹙著眉頭，像是一邊在思考。瘦削的輪廓，細邊的金屬鏡框，凌亂的頭髮，很哲學的模樣。可是衣著又整整齊齊，襯衫工整地紮進牛仔褲裡，很奇妙的對立感。他曾說，不喜歡被歸類，彷彿從造型上就在宣示他的個性。

當我看著唐果胡思亂想時，他已侃侃而談：「女朋友對我很好，很尊重我，可是她覺得我不成熟，表現不好。我認爲自己在各方面表現都不理想，不能像她活得那麼自在，她每天時程表都排得滿滿的，按表操課，但是我不行，我的生活一團亂。她跟班上同學很好，常用身體去觸碰別人，讓我很不舒服。當時我剛從南部上來，身體很僵，覺得自己的女朋友跟別人碰來碰去是件很奇怪的事。可是我不能跟她講，因爲這是『很——賤！』的事，男人應該是慷慨的，我沒辦法跟她說：『妳不要跟別的男人拉來拉去。』我常看她跟男生很開心地講電話，而且一講就是一、兩個小時，我就在旁邊受苦，可是我什麼都說不出口，只能悶著。」

唐果比手畫腳地說得精彩，衆人也凝神傾聽，不想錯過片段。

「有次我們出去喝咖啡，我一時情緒上來就板著臉。她不高興地問說：『你究竟在想什麼？』我說：『不好的事情，妳不要知道。』她執意說：『我要知道。』『那妳不要生氣。』『好，我不生氣。』我說：『我很嫉妒，每次看妳拉班上男生的書包，我就很難受，我覺得妳滿三八的。』才說到這裡，她突然站起來說：『我們今天就講到這裡。』然後掉頭就走。哦，我不能馬上追出去，還得先付帳。我追上去問她：『妳不是說妳不生氣嗎？』可是她邊走邊哭，根本不理我。

「這情形一再重複，我悶著，然後她逼我講，我講了，接著她生氣，我們吵架。有一次鬧得很嚴重，她打了我一巴掌，把日記丟到我臉上，因爲我的反應傷害到她，後來不舒服的感覺愈累積愈多，很難受，也傷害彼此之間的感情。」

「那天她會那麼生氣，是因爲你罵她『三八』嗎？」我好奇地追問唐果。同爲女生，我實在不高興被人罵「三八」。

「『三八』是一個重點，我不應該說出那樣的字眼。」唐果假裝幽默地回應。

浩威問：「我想，是不是潛意識要她生氣？」

「是啊！好不容易逮到機會了。」唐果點頭，贊同浩威的說法，「後來，畢業旅行時我帶她一起去，把她介紹給班上一個男同學認識。我覺得他們之間好像隱隱有什麼，可是我卻不知道。坐遊覽車到半途，我正想問她要不要吃點東西時，卻發現她正回頭看那個男同學。順著她的目光看過去，我看到那個男同學對著她舉起手，伸出中指，然後……」唐果朝天比出中指，一時間成員們爆出哄堂大笑，打斷了他說話，唐果也順應聽衆需要，順勢搭配個無可奈何的表情。

「我女朋友一直笑一直笑。當時，我像被狠狠地敲了一棍。我覺得他會做這個動作，而她也意會了，表示他們應該很親密了，可是我卻完全不知道發生什麼事，只覺得腦袋『轟』地一聲，好像火山要爆發了。那時候大家都很高興在唱歌喝啤酒，只有我快要爆炸了。」

「你有沒有覺得自己的修養很好？」浩威頑皮地揶揄他。

「唔，當時是有人提醒我，你怎麼都不照顧你女朋友？我就在心裡暗幹，她已經有人照顧了，幹嘛還要我照顧？已經有點放棄的感覺啦，因爲不知道怎麼辦，我會覺得那個男的好像玩過、混過，比我有經驗。我比不過他。」唐果說罷，長長地嘆了口氣。

我聽得很入戲，急著問結局：「後來你女朋友被他追走了嗎？」

「他們結婚了。」唐果答的乾脆。「哇，好慘！簡直是太慘了！」唐果的遭遇，聽得大家唉嘆連連。

我對眼前的關係很困惑，不過寧可被拋棄，也不會主動提分手。

「唉，後來我那個女朋友也嫁了哪！」阿正很興奮，像是遇到「同是天涯淪落人」。「隔了一段時間後，我打電話給她，剛開始感覺她滿害怕的，因爲不知道要跟我講什麼。後來，我們聊滿久的，她很驚訝我改變了。當初被拋棄的感覺很不舒服，後來等感覺慢慢沉澱過後，我成長很多。我甚至想帶現任的女朋友去參加她的婚禮，可是我女朋友罵我『神經病』。不過我覺得，她當初拋棄我是正確的，因爲我們再繼續下去也是扯爛污。」

「我不懂你說『扯爛污』是什麼意思？」基於專業上的敏感，浩威常會抓住一些關鍵字追問。再挖掘下去就有寶藏了嗎？我等著。

「這段感情生變之前，我常懷疑眞要跟這個人生活一輩子嗎？可是也還不至於要分手。我們的興趣差很多，她很務實，我很理想化，作朋友也許可以，生活在一起就是扯爛污。」

可能男性處理情感的經驗很類似，浩威接著說：「我剛剛聽阿正講——對目前這段關係很困惑，覺得有點不適合，不過寧可被拋棄，也不會主動提分手。那時隱隱約約覺得有第三者，剛好那段時間我特別忙，後來果眞有第三者，就陷入被拋棄的悲情中，可能男性的經驗都是這樣吧？」

「我不是那樣。」唐果跳出來插話，「我是主動提出分手的。因爲我看到那個男的寫給她的信，我就想算了，放棄吧。我約她出來吃飯，跟她提出分手。她聽了一直哭。我說：『妳哭什麼啊！我都哭不出來了。』因爲我已經哭得太久了。後來，我們就眞的分手了。我瘋狂地嫉妒，整個人陷入瘋狂。我常騎車去她家樓下等她。有次碰到他們出來，我就瞪著他，把他嚇一跳。還有一次，這是事後那個女孩告訴我的。她說，那個男的載著她等紅綠燈時，碰巧看到我在前面，他突然來個大迴轉，往附近巷子裡亂鑽，鑽到死巷子才停下來。女孩問他：『你在幹什麼？』他說：『我也不知道。』我想他是被我嚇到了。

「那個女的偶爾會打電話來，跟我說他們倆相處的情形。我記得有件事是，她很怕貓，怕毛類的東西。她曾跟我說，如果有貓跳到她身上，她會嚇死。可是她跟我抱怨，那個男的很過分，爲了治好她的『怕貓症』，趁她不注意時，竟用一張鹿皮蓋在她身上，把她嚇壞了。當時我心裡嘀咕著：『妳看吧，他對妳這麼壞！我都不會這樣對妳。』可是我沒有講。」

看唐果一臉阿Q似的得意，忍不住要潑他冷水，我故意作弄他：「也許那個女的想要安慰你。」「可能是安慰，可能是贖罪。」阿正補充說。大姊挑一挑眉，不以爲然地說：「天啊，好複雜！分手就分手，恩怨分明，幹嘛還要見面、聯絡。」

當她來信愈來愈少時，我寫過去的信就愈來愈慌。如果當時影印下來，應是很好的情詩。

浩威說：「最近醫院要派我去開會，地點在美國五大湖區附近，於是我想到大學時代的女朋友好像也在那裡。因爲我唸醫學院，大五的時候，她就出國唸書了。那時我想隨緣嘛，後來當她寫來的信愈來愈少時，我寫過去的信就愈來愈慌，裡面應該有很多忿怒譴責的語句。唉，當時的影印技術不好，否則印下來應該是很好的情詩。」哈哈哈，威哥神來一筆的故作幽默，把大家都逗笑了。

「後來我想，算了，豁達一點。結果大六那年，是我在高雄最沮喪的一年。對社會運動失望，對社團的期待也幻滅，寫作也覺得無聊，從當時算起到後來恢復寫作，差不多有四、五年的時間。那時候以爲，信寫完了就過去了，應該不會嫉妒。可是那女孩的班上，有兩個人認識我，會跟我說她現在怎麼樣了，她交了一個很好的男朋友，剛拿到博士。我時常可以得知她的消息，後來我想，那是我不斷暗示她同學說出來的，回去以後再自行勾勒出那個男的形象。啊，原本以爲已經忘了，可是就像這一次要去美國，我就會再想起來，以爲自己修養很好，應該無所謂嫉妒了，不過還是會跑出來。」浩威坦誠地分享。

我問他：「你們結婚機率有多大？」他寫「零」。可是他們一畢業就結婚了。

大姊縮著腿，雙手環抱膝蓋，慢條斯理地邊想邊說：「剛才我一直想到一幕，就是『紅玫瑰與白玫瑰』那部電影裡，後來男主角娶了白玫瑰。戲要結束時，男主角在電車上遇到紅玫瑰。就世俗的眼光來看，男主角從頭到尾都很光鮮，紅玫瑰反而比較落魄，因爲原本的家庭還不錯，卻因爲與男主角之間的婚外情落得兩頭空。男主角問她：『現在還好嗎？』她說：『還好。反正日子還是要往前闖。

碰到什麼就是什麼。』他不屑地挑釁說：『妳會碰到什麼？無非就是男人。』紅玫瑰很自在地回說，年輕時候，長得好看，碰到的就都是男人。可是現在則不只是男人了。男主角說話時，我可以感覺出男性的嫉妒，後來紅玫瑰反問男主角好不好，他本來想用三言兩語交代他的幸福生活，可是卻無法控制地哭了，而紅玫瑰也不安慰他。

「我剛才聽你們講，我就想到初中時，有些同學都會收到學長的信，說要認乾妹妹之類的；高中通車，也會有同學收到情書。可是我都沒碰過，甚至到大學，連談戀愛牽手的經驗也沒有……」

「啊！那我很好奇妳是怎麼結婚的？」素素驚訝地反問。大姊想也不想就回答：「人家介紹，無不良嗜好、四肢健全，我就嫁了。」「怎麼可能會這麼慘？」浩威話語中帶著同情，又有反詰意味。

「據說我很凶，又很嚴肅，保守又矜持。唉，我很遺憾沒好好交男朋友。」昏黃的燈光，映照著大姊清晰的輪廓，模糊的光影下有淡淡的落寞。

女性的經驗也有雷同之處。外表充滿陽光氣息的晴子，無奈地接著說：「我想我更慘，相親幾百次從來沒成功過。還在唸書時，我喜歡過一個眼睛大大的男生，可是他早被別人訂走了。可是我不在意，上課常坐在他旁邊，還寫紙條問他：

『班上的女生你喜歡誰？』他列了十幾個名字，我排在第二。他女朋友的名字還沒有列在其中呢！有次我還問：『你們結婚的機率有多大？』他寫『零』。可是他們一畢業就結婚了。」

「我覺得妳滿好玩的，會去問結婚機率。妳很認眞還是開玩笑？」浩威追問。

晴子想了一下，說：「我想應該有試探的意思。如果結婚機率低的話，我可以再慢慢等。說嫉妒，當時感覺不深。可是有次我看到他騎摩托車載那個女的，她緊摟住他的腰，我就故意轉過頭去不想看。」

「明明感覺妳嫉妒得暗潮洶湧，可是妳卻說不嫉妒。妳爲什麼不大方地去嫉妒？妳會想辦法坐他旁邊，經營了這麼久，喜歡的人被搶走了，爲什麼不嫉妒呢？」浩威故意撩撥晴子努力壓抑的嫉妒。

「我的嫉妒就是不和他來往。」晴子賭氣說。

「有沒有想整他，或者做些小動作啊？」阿正嘻皮笑臉地建議，類似的想法唐果也曾經提過。嗯，男性的報復心不容小覷啊！

「沒有。」晴子很肯定地回答，「可能也是因爲我沒有很認定那個男生吧。」

「一定是妳占有欲不強。」素素篤定斷言。

「不是。是因爲我不確定要占有哪一個，我怕後來還會出現更好的。」哈哈哈，大家被晴子的坦率逗笑了。

我太太突然跟我說：「我愛上別人了，想跟你分手，你會怎樣？」

浩威把眼神瞄準阿勳：「你都沒講，好像剛睡醒唷。」

「不是啦！」阿勳剛才沒加入男性嫉妒經驗的討論，突然被浩威點名，急忙貢獻自己的經驗。「有一天，不知道是好玩還是認眞的，我太太突然跟我說：『我愛上別人了，想跟你分手，你會怎麼做？』當時我聽了很震驚，不過我想可能是開玩笑的。

可是有一次，有朋友到我家聊天，時間晚了，我送朋友出去。到巷口時，剛好看到我太太跟她同事在聊天，是個男的，還摟著她的肩。我看了很驚訝，也說不上嫉妒，事後我也沒再問她。」

「你太太回家後，你都沒有後續的動作嗎？」素素急著追問。「難道你就裝做跟平常一樣？」我也忍不住抬高聲調逼問。「對呀！」阿勳坦然點頭。「好無聊喔！」我說。阿勳的修養未免太令人佩服。「那就跟唐果講的一樣，看自己的女朋友跟人家碰來碰去習慣了。我太太以前也會這樣，跟同事拉拉手、碰碰肩，我想這都很平常嘛！」

「那是在公共場合，可是你講的是在暗巷。」浩威不讓阿勳過於樂觀，挑明關鍵處一語道破。

「對啦！他們好像情侶在約會，看到我有點嚇一跳，那個男的就把手放下來了……」

「那不是就更……，哈哈哈。」浩威放肆地笑著。

大家幸災樂禍地哄堂大笑。誇張的笑聲，讓阿勳紅了臉。曾經說過，「要把家布置得像最後的堡壘，所有的負面情緒都能在其中得到安慰」的阿勳，不放棄爲妻子辯駁，「我想，可能是因爲那天尾牙嘛，喝點酒，講話講到激動，手就拿上來了。看到同事的丈夫來了，爲了表示尊重，手當然就放下來了。總不能繼續放著吧！」

阿勳講得雲淡風輕，彷彿是尋常小事，不足掛心。我們卻像等著看好戲的小人。不過，我實在很納悶，嫉妒與年齡成反比嗎？阿正、唐果和威哥講起往事仍妒意猶存，但是阿勳卻有種波瀾不驚的大氣。

以前人家說，男人愈老愈俏，女人愈老愈不值錢，可是現在情況不同了。

「我覺得你在逃避問題。不管對方做了什麼，你都會找理由來合理化。」喜歡幫大家分析的素素，提出父母的經驗說，「我想到我爸媽。我媽自從心臟開刀以後，整個人開朗起來，每天早上都去練氣功，生活圈變得比較廣。我爸自從退休以後，生活圈相對就變窄了，整天待在家裡。我爸媽的個性非常不一樣。我媽很外向，有一次我回家看我媽出去玩的照片，我爸就在一旁挖苦說：『妳看，他們倆個像不像夫妻？』因爲照片上有個男的搭著我媽的肩膀。我爸說話時，好像很開放。可是他有次就跟我講，如果有天他得了不治之症，叫我們不要幫他治療。他想如果他走了，我媽還是可以活得很好。他也不是想尋死，只是對生活不抱希望。」

「看到照片還是會心酸一下。如果那時候妳問他：『會不會嫉妒？』妳爸一定跟阿勳一樣說不會。」浩威糗著阿勳說：「我覺得男人面臨那種狀況，好像比女人更難處理。以前人家說，男人愈老愈俏，女人愈老愈不值錢。可是我現在看到好幾對夫妻，他們的情況剛好都相反。」

素素說：「我記得曾經問過我爸：『媽常出去，難道你不擔心嗎？』我爸就說：『有什麼好擔心的，反正都老夫老妻了。』他好像很想得開，不像年輕人那麼會嫉妒。」

我媽穿著有兔子花樣的毛衣，是我爸送的。那個女人也穿著一樣的，後來我媽就把那些衣服都剪破。

提到父母的感情，我也有經驗。「我媽對感情要求完美，偏偏我爸爸又是多情的人，讓她受盡嫉妒的苦。我們家開店，有次我爸的手被割傷，有個女客人看到，就拿ＯＫ繃幫我爸貼上，我爸很受感動，兩個人因此有了往來。我爸偶爾會藉洽談生意的名義到台北來，可能是要和她約會吧。有次我媽送午飯到店裡去，那女人也在店裡和我爸聊天，我媽那天穿著一件有兔子花樣的毛衣，是我爸到台北買回去送她的。那個女人身上也穿著一模一樣的毛衣，回家以後我媽就把那些衣服都剪破。」

出賣媽媽的祕密，我講得有點良心不安，「後來因爲店裡生意不好，我媽有一陣子出去做生意。她一直覺得我爸跟那女人還有聯繫，可是卻不想去證實，因爲她怕整個家會因此毀掉。後來我爸突然生病過世，我媽常會無法控制地撥電話到那女人家，一直響到有人接就掛掉。她也會要小孩子幫她打電話，探探那女人的口氣。她想要知道，我爸爸最後有沒有跟她說些什麼？可是我們都不幫她打。我媽常會問我們：『妳爸到底有沒有愛過我？』後來我想到安慰她的說法。我說：『上次妳跟男客人聊久一點，爸爸就罵妳是長舌婦，表示他愛妳才會吃醋呀。』我媽很吃這套，心情有好一些。所以我覺得，嫉妒或許可以證明愛的存在。」

浩威說：「其實嫉妒不好嗎？我覺得談戀愛談得愈深刻，嫉妒就愈多，輕描淡寫的戀愛反而沒什麼嫉妒，不過嫉妒一向都被貶抑是負面的。」

大姊說：「對啊，以前的女人要是很愛吃醋，會被休掉的。」

妳習慣迴避壓力，讓自己處於疏離狀態，比方說像談戀愛會嫉妒，所以就選擇不談戀愛。

浩威特別點了吉吉問道：「妳講最少。」浩威的點名，強調了吉吉的疏離，但也同時提醒她——「我沒有忽視妳的存在喔！」備受父母呵護的吉吉，上回談「寂寞」時，抱怨自己都沒有寂寞經驗可以分享。

「我不太會覺得嫉妒，因爲我一直很獨立，什麼事情都自己來，如果有人可以靠，我就會依賴他。很幸運地，經常有人可以讓我依靠，會照顧我。可能也是我會去選擇舒適的環境，如果環境不太舒服，我會趕快離開。我如果要什麼，家裡都會給我，我也沒有太大的壓力。上次跟大學同學聚會，我就特別謝謝他們，讓我在學校裡感覺那麼幸福。」

知道別人對自己好並非理所當然，而懂得感謝，這是參加工作坊後的收穫嗎？浩威說：「妳不會覺得嫉妒，或許是妳習慣迴避壓力，讓自己處於疏離的狀態。比方說，談戀愛會嫉妒，所以選擇不談戀愛，讓自己毋需面對不舒服的情境。沒關係，妳可以再想一想。」又是沒關係。嗯，浩威習慣拋出自己的觀察，留待成員們再思索，這或許是藉由旁人的提問，再深入探索自己的好方法。

「妳說妳一直很幸福，那妳有被嫉妒的經驗嗎？」素素追問。

「我不是眞的很幸福，我會把不舒服的經驗忘掉，或者趕快逃開。我不覺得自己被人家嫉妒呢！因為我沒什麼好嫉妒的。」

「妳會嫉妒長得很漂亮的女生嗎？」換我上場了。

「會啊！我男朋友曾經喜歡我們班上長得漂亮的女同學，那是我故意介紹他們認識的。其實我也是有點自虐，我想比較看看嘛！」

「後來妳男朋友跑掉了？」浩威問。

「沒有，後來我問我男朋友，他說他們沒什麼。可是我不太相信啦！」吉吉苦笑。

「妳是不是常在妳男朋友面前問說，那個女的是不是很漂亮？」我不死心地追問。「不會啊！」吉吉泰然自若地回答。

「淑麗是在說她自己。」浩威揶揄地說。賓果！王醫師準確猜對！

「從來沒有男的敢在我面前說誰很漂亮。即使看見也要假裝沒看見，裝傻問：『在哪裡？』」大姊霸氣十足地學著膽小男子四處張望的窘樣，我可以了解那些男人為何要「裝蒜」了。

我嫉妒長得美的女生，卻又忍不住想看，可是我還是要幫自己辯駁：「我看《射雕英雄傳》時，金庸把黃蓉描寫得像天仙美女。可是她只要聽到有別的女生很漂亮，她就一定要去瞧瞧，作個比較。記得以前住宿舍時，有些女生很漂亮，人緣很好，半夜電話不斷。每次三分鐘一到，電話斷線了，就再打再接，室友都睡著了，只好把電話拿到寢室門外去打。其他寢室有人起來上廁所，看到了就會到處傳說，那個人就會變成那層樓的風雲人物。那時候我只要聽到人家罵她，就會說：『沒辦法呀，誰教她長得那麼漂亮。』假裝很大方的樣子。可是只要人家多罵她一下，我心裡就覺得很高興，用詆毀來減損她的美貌，讓人不至於那麼羨慕她。」

我覺得嫉妒的感覺滿不錯的，期待自己再談一場戀愛，激起我的嫉妒。

「唉，嫉妒眞是複雜。」浩威搖頭苦笑。

「嫉妒會讓人變得很不理智。我想今天出現的笑聲，都是因爲嫉妒會讓你做出你平常不可能會去做的事。」素素嚴肅地歸納。

「英文裡有句話說：『嫉妒是綠眼睛的魔鬼。』認爲嫉妒是不好的。可是電影裡常會把嫉妒當成是愛的表徵。嫉妒代表感情到了某個程度，不再只是喜歡，而是愛了。」今天說得很少很少的阿陌也做了結論。

浩威又去撩撥沉默了好一會的阿勳說：「你呢？」阿勳搖搖頭，沒多說些什麼。可憐的阿勳，經過大家一整晚的煽風點火，回家後會跟太太追究一番嗎？

「阿勳是不是覺得，嫉妒是年輕人的事，年紀大了比較無所謂。只有小女生才會去嫉妒誰比較漂亮？」總是熱心幫別人解圍的阿陌，體貼地幫阿勳找下台階。

我說：「我覺得嫉妒是比較容易面對的情緒。上次講『寂寞』，很難說出口。這次講『嫉妒』好像可以當成笑話聽，或許是情緒有層次還是……？」

浩威接口說：「我覺得『嫉妒』是一刹那的狀況，所以比較容易談。而『寂寞』卻像瘟疫一樣，而且是一個人。『嫉妒』起碼是兩個人，還可以找到代罪羔羊。其實嫉妒的感覺滿不錯的，我期待自己再談一場戀愛，激起我的嫉妒。」

「嗯，要過年了，祈禱今年想戀愛的人都能分配到足夠的『醋量』。」今天沒有分享太多經驗，比吉吉更疏離的阿妹做了個可愛的結論。

＊＊＊

王浩威的情緒筆記——

嫉妒是中世紀神學家多瑪斯・阿奎納（Thomas Aquinas）所提出的人性七惡之一，跟占有欲有關。我們因爲害怕失去，所以一旦擁有了，就會更強烈地想占有。

占有欲望是親密關係的本質。比方說，父母親培養孩子，要孩子比自己更好，乍看是爲了孩子們的好，實際上卻是在要求小孩幫自己完成未完成的夢想。占有的欲望等於是把自我意識延伸到對方身上，表面上說是爲對方好，其實是想影響對方的自主意識。

占有欲望是無所不在的。談戀愛時，熱情到極點時，戀人們常有恨不得要把對方吞掉的念頭，雖然不可能眞的要吃掉對方，卻覺得兩人之間要心電感應、亦步亦趨。占有欲望可能的強烈程度是巴不得吞掉對方的自我意識，經常是我們不願意承認的，而寧可說是「融爲一體」，融爲同一個意識，實際上卻是融爲我們所自以爲的意識。然而問題來了，戀人是兩個個體，兩人之間出現意識不一致是理所當然的事。例如，兩個人突然失去話題沉默下來，有人就會受不了沉默的壓力，不斷告訴對方「我正在想什麼」，很焦慮地想跟對方坦白，唯恐對方以爲自己有貳心；另一種反應則是不斷地問對方「你在想什麼」，想要時時刻刻掌握對方的想法。這兩種情況在熱戀的情侶間是經常出現的。

我們理想中的親密關係是「融爲一體」的，但是融爲一體在實際上並不可能，永遠都存在著落差，這樣的落差讓自己懷疑對方的想法不是與我同步，甚至推想到對方並不屬於我，所以才有人形容嫉妒是火，讓我們焦躁，不知所措，就像團體裡講到「嫉妒是綠眼睛的魔鬼」，讓自己無法安靜。最典型的例子就是莎士比亞的《奧賽羅》，只要奧賽羅的妻子做出他無法理解的行爲，他就會朝背叛的方向去解釋。

嫉妒是戀愛中絕對需要的插曲，即使沒有第三者存在都會有嫉妒。因爲戀人們彼此間不可能總是一致，就算形影相隨，對方的思諸偶爾飛開，你就會懷疑他是不是不高興，開始擔心無法全盤知道對方的想法。這般的疑慮跟嫉妒的本質相同，而第三者的存在也是因爲捕風捉影而產生的。唯有失戀次數愈多，占有欲望才會慢慢放鬆，也比較懂得尊重對方的自主，因爲愈能明白百分之百的融爲一體是不可能的神話。

情緒出路

從道德上或從自我利益來說，每個人都知道嫉妒是不應該存在也是沒有好處的。就因爲如此，我們通常都不願意承認自己的嫉妒。但是，不承認並不代表嫉妒不存在。嫉妒還是在生活裡不斷作用，只不過是轉化成各種面貌而表現出來，影響著自己的心情和人際關係。嫉妒和羨慕不同，嫉妒包含影響別人意識和自主性的意圖，不歡喜別人的成長和改變，希望對方一生一世都不要變動，這是佛洛姆所謂的「戀屍癖」（neclophilia），他也相對地提出「愛生哲學」（biophilia），愛對方是活生生的，歡喜對方的成長和變化所帶來的不可知。

嫉妒是惡的，毫無優點的；不過要達到不嫉妒，卻又很困難。唯有「知足」才有可能改變。「知足」不是指僵硬教條的規定，被奉爲不知所以然的美德。所謂「知足」就是承認自己的欲望，檢視自己欲望的來源。人是社會的動物，我們經常依據衆人的價値觀來行動，經常在衆人的「標準」裡感到匱乏，欲望也就產生了。有沒有可能因爲釐清別人發生在我們身上的影響，另外活出自我呢？當然這是很高的境界，並不容易做到。而且要做到這程度，恐怕得先承認自己的嫉妒。唯有這樣，這一切破壞了自己的生活和人際關係的嫉妒情緒才有消失的一天。

延伸閱讀

1. 《嫉妒與社會》　赫爾穆修・舍克著　時報文化
2. 《愛的藝術》　佛洛姆著　志文
3. 《奧賽羅》　莎士比亞著　世界書局
4. 《情緒：如何將恐懼、憤怒、嫉妒蛻變爲創造性的能量》　奧修　麥田
5. 《嫉妒的世界史》　山內昌之　麥田

第四課

背叛。永恆因死亡而存在

被背叛是生命必然的儀式。

我們可能會因為被背叛而失去了徹底信任別人的天真，

但也因為不再有與對方融為一體的念頭，此時的自我，更像為自己而活的自我。

情人節前夕，工作坊的伙伴在年後首度聚會。寒冷的夜晚，招牌林立的羅斯福路，往來的車輛如車水馬龍般，絲毫不因天氣寒冷而蕭瑟。拿著錄音機進活動室時，已經將近七點。一推開小房間的門，食物的香氣撲鼻而來，房間裡人聲喧嘩，非常熱鬧。看樣子，大家並沒有因為年假中斷聚會而顯得疏遠。小茶几旁已經圍坐著好幾個人，邊聊天邊吃著桌上的點心。

浩威笑呵呵地進來，看起來精神不錯。吉吉隨後拎著一個紙盒走進來，環顧四周，只剩浩威身旁有位置了，她似乎有些不安，短暫猶豫後，還是笑笑地坐下來。遲疑了一下，她怯怯地把桌面清出一塊空位，放上她帶來的紙盒。

「是什麼啊？」好奇的晴子問。打開紙盒後，吉吉開心地炫耀，這是弟弟做的手工巧克力，每顆的口味和造型都不相同。介紹過巧克力，算是暖身完畢，浩威接著宣布，今天談的是「背叛」，「情人節嘛，談『背叛』是很應景的主題。」

太太說，以後晚上不能在家了，要去跟苦苓睡覺，還要照顧他們的女兒。

燈光瞬間暗下來，宣告正式進入分享。我覺得有點壓力，「背叛」似乎是個有點難的題目。腦海中胡亂蒐羅和背叛有關的經驗時，坐在立燈下的阿勳看著浩威說：「前幾天我做了一個夢，夢見我太太和苦苓生下一個女兒⋯⋯。」

「哇！為什麼是苦苓？」眾人嘩然。阿勳暫時打住，故弄玄虛地笑著，等候我們的驚訝過境。

「為什麼是苦苓？這等下再說。我太太跟我說，她以後晚上不能在家了，她要去跟苦苓睡覺，而且還要照顧他們的女兒。我聽了就有被背叛的感覺，氣憤、無力感，好像無法挽回了。我已經好幾年沒有這麼強烈的嫉妒、被背叛的感覺。」

「你是被告知的嗎？還是⋯⋯」浩威追問。「哦不，是我自己發現的！」阿勳講得雲淡風輕。浩威笑著說：「有沒有想去潑硫酸？」

阿勳搖搖頭。平常的他，總是一派優閒，瀟灑得很，一開口就是無欲無求的名言哲思，感覺修為極深，不料潛意識的擔心卻在夢中出現，是我們上回談「嫉妒」時撩撥得太厲害嗎？產生了讓他憂慮的後遺症。

「醒來以後，我也苦思為什麼是苦苓？後來我想，那天晚上臨睡前，我在喝酒抽菸，我太太說半夜還在喝酒抽菸，當心身體弄壞了。我說：『有什麼關係，弄壞了妳會照顧我。』她說：『很抱歉，這個不在此限。因為熬夜喝酒抽菸弄壞身體，恕不照顧。』我聽了有點難受，我對她說的『有條件式的照顧』，有被背叛的感覺。至於為什麼是苦苓？苦苓是作家嘛！印象中他不抽菸不喝酒，是個新好男人，我太太應該會喜歡。」

「你有告訴太太做了這個夢嗎？」我問。「有啊！她第一句話也問，爲什麼是苦苓？」阿勳眞是修養到家，衆人笑不可抑，紛紛開起玩笑作弄他，他還能不疾不徐地把夢說完。他給了個輕鬆的開頭後，氣氛又沉默下來了。背叛或許太深太難，先前猶仍是說笑的心情，要陡然沉重有些尷尬，一時之間大家都靜默無語。

祖母煮好菜之後，祖父會去評量分量，看有沒有拿去給男友吃。

僵持一下，大姊率先打破沉默。「我祖父是個很溫和的人，可是後來不知怎麼變得很多疑，老是懷疑我祖母有男朋友，可是祖母都已經六十多歲了。我還記得經常是祖父去買菜，可是祖母煮好之後，他會去評量分量，看有沒有拿去給誰吃，尤其像鷄腿那種比較貴的菜。有時候祖父實在是太無理取鬧了，把事情鬧得不可收拾，祖母還會氣到摔椅子。我覺得祖母好悍喔！後來祖母去算命。算命的解釋祖父一定要這樣改變個性，性命才保得下來。祖母聽了，算是得到紓解，原諒他一天到晚胡鬧。後來的歲月就這樣過，結果我祖父先走了，走了十五年以後祖母才過世。」

大姊的輪廓深刻分明，眼神銳利，像能把人看透。但是當她說故事時，表情自然生動起來，伴著豪爽的笑聲，感覺稍微可親。浩威問她：「妳自己有這樣的經驗嗎？」她側著頭想一想說：「或許有吧！但也可能因為那經驗實在太不愉快，所以刻意遺忘了。」大姊有諸多顧慮，因此暫時打住。

我爸現在常接到白帖子。我想，他害怕比我媽早死，所以不願意看到她快樂。

纖細的小倩，不說話時有種冰冷的氣質。年輕美麗的臉龐散發出自信，大姊常稱讚小倩漂亮。或許是從小倩身上，捕捉到自己過去的神韻吧！小倩說：「我媽從結婚以後就是個家庭主婦，每天都待在家。直到五、六年前，她進國中補校唸書，跟同學相處得很愉快，同學也常找她出去參加活動。以前我們出門都不必帶鑰匙，因為任何時候她都在家，可是她去唸書後，就會發生晚飯煮遲了，或者來不及回家的情況。

「我們子女都滿鼓勵她出去的，可是我爸卻很不能適應。我父母年紀相差很大，我父親現在七十歲，我媽只有五十歲，所以開始懷疑我媽有外遇。有幾次他打電話回來，我媽沒接到電話，我爸的懷疑就更深了，有時候去上班還會突然坐計程車回來，看我媽在不在家，甚至還會找徵信社做電話錄音。我們跟他說沒這回事，非但沒有降低他的疑心，反而讓他覺得家人都不幫他。最嚴重的時候，他還買了一把菜刀，每天晚上在家裡磨刀，逼得我媽跑到小孩的房間來睡覺。我們試過很多種方法，比方說帶他出去玩，都沒有用。

「後來情況比較緩和是，他不准我媽出去買菜，換他去買，我媽每天只要打電話到我爸工作的地方，告訴他要買什麼菜就可以了。雖然我媽省得去買菜，可是也表示我媽被限制了行動的自由。她要去看病或去哪裡，都要有子女陪著去，我爸才不會鬧。」

說著說著，小倩不好意思地嘆口氣說：「唉，反正就是很像電視劇的情節啦！」從她無奈的語氣中，可以感覺他們家尚處於暴風雨當中。「你爸跟子女的關係怎樣？」「你爸退休了嗎？」「你爸真的沒有朋友嗎？」「如果有同輩朋友的建議或許會好一點。」成員們三姑六婆地幫忙獻策。先前大家常會等待「王醫師」的解法和提問，現在彼此更熟了，已經會有自發性的反問和建議。

「在他針對我媽之前，其實已經有跡可循了。他會跟身邊的朋友吵架，朋友慢慢離開他，他變成孤單的老人。我爸的口才很好，每次一吵架，可以講得全世界的人都對不起他似的。我結婚時，他竟然不讓我媽參加，他說她不是我們家裡的人。

「我在想，我爸的恐懼感是怎麼來的？是不是害怕比我媽早死。他現在接到的都是白帖子，他不願看到我媽快樂，所以會故意鬧事。經歷這件事，我覺得背叛是很恐怖的，會使得家庭破裂，悲劇收場。」小倩說完，情緒還是有些激動，聲音輕輕顫抖著。

年輕時，常是男人背叛女人。年紀大了後，反而是女人背叛男人。

大姊也搭腔說：「我也想到我大姑媽和大姑丈，以前我們滿羨慕他們的，可是現在也好不到哪。大姑丈長得很好看，可是現在被大姑媽折磨得要死。我們看了都很心疼，因爲大姑媽懷疑他有女朋友。他們在精神上根本沒有共通的地方。姑丈會畫山水，會篆刻，大姑媽卻連小學都沒畢業。小孩都大了，姑丈有自己消遣的方式，姑媽卻成天盯著他，叫她去跳土風舞或做其他活動，她都不要。姑丈喜歡打點麻將，如果同桌有女的，姑媽就會起疑心。有女弟子來找姑丈學畫，姑媽也會把人家列入黑名單，鬧到現在夫妻倆都不講話。姑媽掌控姑丈所有的錢，姑丈現在也老了，就靠教學生賺一些錢，靠那些錢來生活。」

浩威說：「年輕時候，常是男人背叛女人，年紀大以後，反而是女人背叛男人。小倩爸爸的情況，好像養了一隻很乖很顧家的狗，都不會出門。突然有一天，狗長大了，認得路了，知道要跑出去了，感覺就好像被背叛了一樣。咦，你算是年紀大的？」浩威想起什麼，又盯上了阿勳。

「嗯哼？」阿勳的反應，像是沒什麼可以分享。浩威不死心，再逼問：「眞的沒有被背叛的經驗？」阿勳搔搔頭，投降了。「喔，想到了，我以前養過一隻貓，盡量不讓牠出去，因爲外面野貓多，不乾淨。每次牠想出去時，我們就跟牠玩心理戰。只要牠一踏出家門，我們就『哇！』大叫嚇牠。制約反應嘛，所以牠長到很大都還不敢出去，可是到了發春期，牠終於跑走了，我就有被背叛的感覺。」

阿勳聊起貓咪的背叛問題，似乎無法滿足浩威。「善解人意」的阿勳只好繼續在腦海中翻箱倒櫃，尋找題材。停頓半晌，阿勳又說：「不知道這算不算背叛？祖母跟我的感情很好，小時候我跟她住一起，是她養大的。可能是她找算命的算過，一直告訴我：『你長大絕對不能娶屬牛的，也不能差六歲。』當時不懂事，也就答應了。可是後來，我太太就是屬牛的，而且跟我差六歲。祖母知道後非常難過，因爲我答應過她，後來卻背叛她。」原來是小阿勳跟祖母約好的，可是大阿勳卻違約了。浩威暫且不再逼問他了，這個苦苦相逼的過程，竟也耗去了將近一個小時哩。阿勳所經歷過的背叛，似乎都沒有想像中難熬，這是種「幸運」嗎？

有背叛的感覺其實滿幸福的，前提是因為有親密關係。

被背叛的痛苦，經歷過的人應該都餘悸猶存，甚至不想再回首凝視。可是浩威卻以略帶遺憾的口吻說：「我剛才在想，背叛應該跟親密有關。其實有背叛的感覺滿幸福的，前提是因爲有親密關係。」浩威這樣的說法，跟上一回談「嫉妒」的心情很接近。爲什麼別人覺得像瘟疫一般，避之唯恐不及的負面感受，浩威都能以正面的方式解讀，並且慶幸其存在。

「對我來說，有好幾次的分手，是因爲被對方拋棄了。可是仔細想想，其實是自己玩弄了小小的手段，讓對方覺得不舒服，然後先提分手。當時覺得自己好像被背叛了，像個悲情的男子，後來想想是自己背叛了別人。只有初戀時，覺得自己是被背叛了。

「我大五時，那女孩就畢業出國了，當時想如果妳有好的對象就去吧！可是對方眞的跑掉了，又會很嫉妒，整個大學生活就陷入混亂。不過，那種感覺其實滿好的，是眞的愛過，想要占有。親密關係中沒有背叛、想占有的感覺，雖然號稱是夫妻或男女朋友，卻好像太有禮貌了。只要眞的想占有，嫉妒、背叛的感覺就會跑出來。我想，或許因爲小時候生病、住院，後來又轉學，很害怕被拋棄的感覺，沒辦法很浪漫地想愛就去愛。」浩威愈說聲音愈低，到最後語調都模糊了。嗯，這個女主角在浩威分享「寂寞」時曾經出現，此刻又再被提及。

不過聽起來也有些哀傷，因爲害怕對方拋棄自己，索性自己先拋棄對方，斷絕親密關係。一再重複後，發覺自己對於親密關係的製造與維持再也無能爲力，因此對於能夠證明親密關係存在的「背叛」經驗也感到羨慕。唉，更悲傷的是，這是精神科醫師的悲傷。成員們只能同情地望著「王醫師」沉默，不再有那種肆無忌憚、七嘴八舌丟出建議的熱情。

我碰到朋友的先生帶了女朋友，我一直想要不要過去打招呼？萬一打了招呼，回去要不要告密？

「吉吉？」浩威繼阿勳後二度點名。吉吉笑而不語。「嗯？」浩威再以眼神催促。看見吉吉猶豫不說話，浩威自顧自地繼續說：「我們唸大學時，社團或同班的死黨慢慢都交了女朋友。平常社團活動說好要來的，怎麼都沒來，於是我們就會罵，而且是很生氣地罵：『怎麼可以見色忘友！』」

「這個我們都滿可以原諒的。」阿正用義氣十足的口吻說。

「那時候我們搞學運，會覺得國難當頭。」浩威苦笑著說：「不過那時候我在高雄唸書，曾經有同學站在月台，送前一個女朋友上車，然後等下一個女朋友來，反正站在月台上就好了。我們看到了也會想：『咦，這個女朋友跟早上那個不一樣。』」

小倩幽默地插嘴說：「業績做得不錯。」

頓時間，把大家都逗笑了。浩威摩挲著下巴，也笑著說：「我們想他寂寞這麼久了，有女孩子來看他，很爲他高興，也會很努力地配合演出。這是同性團體間的歸屬感吧！這種感覺男性間好像比女性強烈。可是女性年紀大了，同性的情誼出來後，好像也會幫忙隱瞞。」

「是啊！男性文化跟女性文化眞的差很多。」小倩看著浩威接口說：「我先生有四個拜把兄弟，他們五個人從幼稚園就在一起，經歷過很多事，感情很要好。可是這種拜把兄弟文化讓我覺得很不可思議。他們之中有一個人是花花公子。這花花公子常常換女朋友，但女朋友交接之間不很乾淨，常會發生這個女朋友還在家裡，另外一個又來了。這種事一發生，他就會找他的拜把兄弟來解圍。比方說情人節當天，他先去赴某個女孩的約會，然後再找他的兄弟出馬擺平其他的約會。

「有時候他剛交一個新女友，就會帶那個女孩來參加我們的聚會，他的兄弟都會盡力幫他隱瞞花花公子的行徑。後來我參與其中時，就很想當面戳破。」小倩動動食指，像是想把這不義的「共犯結構」戳破。浩威方才講的是純粹的同性共謀，可是小倩卻不幸身為這同性聯盟裡的「唯一異性」，所以掙扎就大了。

大姊瀏覽四周，見無人想接續發言，便開口說：「去年年底，我碰到朋友的先生帶了個女朋友，跟我坐同一班飛機出國。我想辦法躲避，想說萬一碰上了要不要打招呼？萬一打了招呼，回去要不要告密？這個問題，我和朋友也曾經討論過，如果知道朋友的先生有外遇，要不要告訴她？另外，從太太的角度看，如果妳的朋友知道了，妳會不會希望她告訴妳？

「有些朋友覺得：『不要告訴我，我不知道就算了。』有些朋友卻認為：『要告訴我，如果我後來發現妳知道了，卻沒有告訴我，我會很生氣，並且跟妳絕交。』可是隨著年齡增長，我會選擇不講。」

我臨時起意想試探他，也有點欲擒故縱的意思，看看他是不是真的喜歡我。

浩威又轉向身旁的吉吉問：「妳有沒有被背叛的經驗？」工作坊進行不久吉吉就被點名了，剛才她還猶豫著，遲疑著無法開口，現在似乎已經有了心理準備。

吉吉說：「其實我有過很痛苦很痛苦的經驗。那時候，白天我都假裝很快樂，晚上就哭得心都揪在一起。因爲我懷疑男朋友跟別的女孩有關係，他一直說沒有，可是我不相信。」

「爲什麼？」素素追問。

「那個男孩子追我的時候，我原本不想接受，因爲我想我爸爸不會喜歡他。可是在一起久了，也習慣了。後來他跟我說起班上的一個女生，我起疑想試探他，看看他是不是眞的喜歡我。後來我聽同學說，那個女孩常到我男朋友住的那棟樓去。我就問他：『是不是來找你？』我男朋友說不是。我跟他說：『你老實講沒關係。』他還是說沒有。畢業之後，我追問他：『你們感情好到什麼地步？』他才說：『沒什麼，只是牽牽手。』我聽了都快瘋掉了。」

上回談「嫉妒」時，吉吉輕描淡寫地說，絲毫不嫉妒男友誇讚別的女人美貌，但是深入探索，內心是百轉千迴、暗潮洶湧呢！不過吉吉不忘補充說明：「他一直跟我說他跟那個女孩沒什麼，只是那個女孩對他印象很好。」常被浩威點名的吉吉，說起幸福總是第一名，常感嘆自己沒有太多不幸的題材可以分享，但是這個背叛之痛，發生在幸福的溫室裡，對照之下，感受應該特別深刻。

這次談的背叛或被背叛，故事很長，情緒很重，被背叛的感覺卻出不來。

雖然說情人節裡談背叛，氣氛卻不覺得感傷。背叛很好笑嗎？爲何過程中笑聲不斷。浩威說：「我本來還擔心講太深，可是大家好像很巧妙地迴避了。是不是我們可以在被背叛的過程中看到自己的醜惡，所以就不想講？」浩威環顧大家說：「今天講的背叛或被背叛，好像要講很久才能把背叛的故事講完。可是講出來以後，情緒很重，被背叛的感覺卻出不來。我本來預設，背叛應該是出現在很親近的愛情裡，不過似乎沒被談出來。我剛才在想，傳統上認爲女性是弱者，可是大姊說到姑丈與姑媽之間的互動，姑丈的條件好得太多，可是爲什麼他竟然枯萎了，姑媽卻依然旺盛？」浩威轉向大姊，不像在尋求解答，倒像在給另一個回家作業，讓成員們再思考。回顧今晚，大姊欲言又止，是因爲對成員還不夠熟悉，因此有所顧慮嗎？或者是心情上還沒準備好呢？接下來的聚談，她可能敞開心胸分享更多故事嗎？

今天談「背叛」，預期有刻骨銘心或者是驚心動魄的故事都沒有出現。爲什麼會如此呢？果眞如浩威所說，大家太害怕看見自己的醜惡，於是都巧妙地閃避了嗎？或者是，背叛眞是難以凝視、也不堪回首的負面情緒呢？因此大家選擇刻意遺忘，不再提起。不曾被背叛、一帆風順的人生，果眞是「幸運」的嗎？經過這一晚，在我心裡也留下了許多疑惑哩。

＊　＊　＊

王浩威的情緒筆記——

背叛隱含很深的傷口，一輩子應該不至於發生太多次。背叛的前提是我們認爲可以和對方永遠在一起，甚至占有對方。在「嫉妒」那部分曾經提過，因爲無所不在的占有欲，所以即使沒有第三者存在，嫉妒也會發生，而背叛則是這個想像中的第三者果眞是徹徹底底地被證實了。

會嫉妒或想占有，是表示自己看重這個關係。通常這個關係可以讓我們有重回嬰兒時期的感覺。在嬰兒時期還沒認識這個世界時，以爲自己獨占一個天地，覺得自己是這個天地的主宰，我們能掌握一切，包括占有媽媽。可是，隨著慢慢成長，這些想法會逐漸幻滅。這一切幻滅成爲生命中永遠的遺憾，所以我們很自然地會想追求親密關係，就如同孩童時期跟媽媽親近到可以充分掌握的關係。

這成爲一種期待，就像對高中或大學時的好友或是對初戀的期待。我們希望跟他們保持親密的關係，就像青少年的死黨們會有明顯的同儕符號：一式的穿著打扮，一樣的講話風格，標榜相同的嗜好等等，或者初戀時情侶會穿情人裝一樣，都是類似的期待——我們希望能重新擁有自己的小天地。

原以爲自己眞能擁有這樣的小天地，但事實上卻是不可能的。對方是活生生會長大變動的，當然也會有新的想法，那時差異性就會產生，小天地的一致性也就被破壞了。嫉妒於是發生，背叛也就出現了。想再回到夢境般的甜美關係，再也不可能，這等於是長大後再次遭遇幻滅，而且是來得很深很痛的幻滅，讓人從此再也不敢有這樣的期待。**First cut is deepest**，這也解釋了爲什麼第一次失戀是最痛苦的。

我們在童年時期失去時也許傷心，卻是容易恢復的，因爲以爲可以再要回來。長大以後，第一次被背叛眞的是太痛了；不過，再被背叛的情形就會少了，因爲我們隨著傷口又更加成長。往好處想，我們是經由背叛而學會了尊重對方的自我意識，願意接受對方的自我，不再要求完全的一致；而往負面想，則是我們已經被傷害過，不敢再有建立小天地的夢想了。

對大部分人來說，被背叛一、兩次就夠了，就像團體中大姊講的，那經驗太不愉快，所以刻意遺忘了。不過眞的能遺忘的，其實不多，一提起來傷口又痛了，也就不想再講了。就像在團體裡，大家都只談自己所看到的別人的背叛經驗，而不談自己所遭遇到的；因爲談自己的被背叛實在太痛了。

不過，即使是別人的被背叛經驗，對我們還是有很深的影響。看到在一起多年的情侶或是夫妻，原本以爲他們果眞海誓山盟，可以不必擔心被背叛的問題，可是一旦聽說他們的分離，似乎又再度證明被背叛是每個人都會遭遇到的宿命，對人的不信任感又重新被挑起。這等於是透過別人再告訴自己一次，所謂的天長地久其實是有限的。

情緒出路

被背叛其實是生命的必然儀式。除非是早夭的愛情才能逃避這場經歷，就像莎士比亞筆下的《羅密歐與茱麗葉》，或者電影《鐵達尼號》的傑克和羅絲，在愛情還沒來得及產生變化前主角就先死去，永恆才能因為死亡而繼續存在。親密關係的變化是必然的，要假裝變化不存在，其實也只是在累積彼此的痛苦。可是如果沒辦法處理這變化，就會面臨背叛的問題。同樣的，也只有去處理背叛，才可能從「融為一體」的致命要求，變成兩人共同經營的關係。而經過這個背叛的關卡，生命才會進入新的階段：雖然失去了徹底信任別人的天眞，可是再也不會像過去那樣，想強烈占有對方或要求百分之百地融為一體，這時候的自我反而更像是為自己而活的自我。

在生命當中沒有「經常」被背叛的，通常只有被背叛一、兩次而已。因為太痛了，所以也就成長了，不再有虛幻的期待。如果一個人經常被背叛，可能是自己的戲劇性人格，或者是童年時期缺乏關愛，導致自己對情感的要求很強烈，不斷渴求更多的愛，所以才會有重複性的被背叛。通常，如果有這樣的情形，可能需要參加相關的成長工作坊或心理治療，做更進一步自我探索，才能走出這樣的人生劇本，不再重複同樣的悲劇。

延伸閱讀

1.《外遇：可寬恕的罪》　邦妮・韋爾著　遠流
2.《誠信》　法蘭西斯・福山著　立緒文化
3.《六個非道德故事》　艾瑞克・侯麥著　時報文化
4.《走出外遇風暴：如何重建信任與親密》　珍妮絲・亞伯拉罕・史普林、麥可・史普林著　心靈工坊
5.《教我如何原諒你？》　珍妮絲・亞伯拉罕・史普林、麥可・史普林著　心靈工坊

第五課

忿怒。抑鬱的白雪公主

一再壓抑忿怒，忿怒並不會消失。

所謂「白雪公主症候群」，指的就是不敢生氣或沒有能力生氣，缺乏要求別人的能力，也不敢說出自己真正的想法。這反而比真正的忿怒還悲慘。

工作坊進行至今，已經第五次了。隨著成員們漸漸熟稔，彼此能分享的東西也愈來愈深刻，我也稍微自在了些。我會用許多小動作掩飾自己的不安（許多人應該也是如此吧？）但是這些細節，都逃不過成員們的「法眼」。素素說我講話時小動作忒多，而且眼睛都盯著天花板不敢注視別人；不過唐果覺得我已經有些改善，視線高度已降到書櫃上，離大家的頭頂只有些微距離了（唐果幫忙解圍之際，還不忘揶揄我啊！果然把眾人都逗笑了）但是，這也代表我已經能敞開心房分享自己的故事，其他成員也有如此感受嗎？

小倩一進門，剛坐下來就說：「我猜今天會講『忿怒』，因爲我昨天在夢中還把忿怒的過程演練了一遍。」素素急忙確認：「眞的嗎？」我聳聳肩，職業道德，不可以洩題哩。而且王醫師或許會福至心靈、天外飛來一筆，不到最後一刻，謎題是不會揭曉的。不過，大家眞是認眞，在每次的工作坊進行前，還會預先猜題和預習呢！

才在討論「王醫師」會不會遲到，浩威已經拎著包包慢條斯理地走進來，好奇地問大家討論些什麼，爲何如此熱絡？阿陌興奮地回答：「我們在猜題啦！」「你們猜什麼？」浩威問。「忿怒啊！小倩說她夢見要談『忿怒』。」「好啊，那就談『忿怒』！妳可以讓夢繼續……」隨性的浩威，順勢揭曉了本次工作坊的主題——「忿怒」。

為什麼不敢忿怒？我想是我罹患「白雪公主症候群」，希望自己人見人愛。

小倩很不好意思，咕噥地說：「我只是夢見，今天眞的要談『忿怒』嗎？其實也不是夢的繼續，就只是一個動作，我在夢中用力抓住她的肩膀猛搖，口才比現在好，說了一堆控訴的話，還邊掉眼淚說：『妳怎麼可以這樣對我？妳怎麼可以這樣對我？』我很訝異，從小到大我罵人從來沒這麼流利過，醒來之後我自己也嚇了一跳。」

總是一襲剪裁俐落的套裝、舉止優雅幹練的小倩，連講起「忿怒」也是條理分明，語氣平和，絲毫聞嗅不出「怒意」。唐果探頭問她：「妳平常跟她交情怎樣？」

「我算是她的老闆，可是卻要常常看她的臉色，因爲她很早就在社會上混，工作表現和能力都不錯，可是我就氣她聰明卻難以駕馭，總會出一些狀況考驗公司對她的忍耐度，測試自己的重要性。平常我總是壓抑怒氣，但是昨天晚上就突然夢見她了。我碰到她的場景是在一間教室，我衝過去，猛搖她的肩膀，哭著問她說：『妳怎麼可以這樣對我？』」

小倩微微一笑。嗯，她的外型和氣質充分展現了她的壓抑和絕不歇斯底里的個性，連講「忿怒」都講得那麼溫柔有風度。停頓一下，她繼續說：「有一天我曾把車子停在社區的停車場，上樓去拿個東西，不到二十分鐘的時間，一下來就發現車窗全被人敲破了，大概是用扳手之類的工具。那已經不是第一次了，我非常非常生氣，想不出到底有誰這樣對我。以前也遇到輪胎被刺破的情形。這次車窗全毀了。我眞的氣壞了！我當時覺得既忿怒又害怕，不知道那人是隨機這樣做呢，還是對我有宿怨。我很生氣地跑上樓，腳都在發抖。後來聽我爸形容，那時我的臉是鐵青色的，氣得渾身發抖，停不下來。」

這次總算感受到小倩的怒意了。說話時，她的肩膀還隨著急促的呼吸起伏。

「後來忿怒會平息下來，是因爲我爸說了一句話。他說：『錢能解決的問題都是小問題。』我聽了覺得很有道理，情緒上就好了些。那是我從小到大『第——一——次』，覺得有一把無名火在燃燒。」「從小到大的第一次！」小倩一字一句、字斟句酌地強調著。

浩威沒放過小倩強調的「第一次」，接著反問說：「爲什麼要強調是第一次？難道以前都不敢忿怒？」

「我不喜歡看起來很失控的樣子。只要旁邊有人在，我就會壓抑忿怒，用盡各種方法，不讓它表現出來，直到只有我一個人時，才會把忿怒宣洩出來。因爲我認爲忿怒是很可怕的，不應該表現出來。朋友說，我有『白雪公主症候群』，希望人見人愛，能討別人歡心。」小倩笑著眨眨眼，方才的惱火轉瞬之間消失無蹤，又展現出平日的優雅氣質。

妳怕自己生氣會像爸爸一樣，變得很討人厭，所以不敢生氣？

大姊接著說：「忿怒這情緒我已經觀照十多年了。第一次發現自己不敢生氣，是因爲連續失眠之後，我去找協談中心。談了幾次以後，她跟我說，問題出在妳不敢忿怒、不敢生氣。她要我打枕頭，我打不下手；要我罵，我也罵不出口。後來她要我回去把報紙捲一捲，打一打，類似打沙包之類的，幾次訓練下來，自己也比較好了。瞭解自己的狀況以後，我就不會因爲顧慮形象而不敢生氣，也不會因爲生氣就亂罵，最多只會罵人家『王八蛋』而已！沒有更有創意的話了。在辦公室我被認爲是脾氣不好的人，因爲我不會隱藏忿怒。」大姊說完笑了起來。大姊爲何會去求助協談中心呢？其中應該有故事，但是她並未透露，我也顧忌著不敢探問。

「為什麼害怕生氣？」浩威又問相同的問題。

大姊坐直身體，嘆口氣說：「或許跟爸爸有關，我爸眞的是很會生氣，太會太會生氣了！他每次生氣時，就是一場大風暴，場面很可怕。當然，這是專家幫我分析的啦，我也沒想得很清楚。可能是看到爸爸很生氣，很火爆的場面，我會很害怕，可是我不能躲，我要保護媽媽。也許自己保護不了她，就會跑出去喊救命。我想，我可能害怕自己生氣時會變成像爸爸一樣。」

「所以專家說，妳怕自己生氣會像爸爸一樣，變成一個很討厭的人，所以不敢生氣嗎？」浩威問。

阿妹插嘴附和說道：「對啊！我爸也是這樣。我爸生氣的時候，就是喝酒，借酒澆愁，然後摔東西，摔完東西之後，開始口不擇言地亂罵。看到我爸那樣，我會很害怕。後來我的脾氣也變得很像我爸，一生氣就摔東西，摔完了再去買，而且也會口不擇言地亂罵，罵一堆非常難聽的話。其實我很討厭自己這樣，所以我在忿怒時，會盡量選擇壓抑或是逃避，眼不見為淨，學著不要像我爸那樣。我要像我媽，逆來順受，不會罵人也不會摔東西。」

「像我就絕不會做那種摔完東西再花錢去買的事情。」大姊說。阿妹很少分享自己的故事，總是很低調挑選邊緣的角落坐著，不過她的心事重重還是讓人無法忽略，她的落落寡歡明顯寫在臉上。我總感覺，快樂的人在台北街頭似乎並不多見，而在工作坊中，快樂的人又更少了。

我好難受，想自殺，可是沒有勇氣，因為還有牽掛，無法一走了之。

「唉，關於我的忿怒，」阿妹臉色一沉，神色黯淡地說：「我爸爸以前在台灣生意做得不順，後來就到大陸去投資。在大陸，失敗了幾次，後來改賣搖搖冰，做得有聲有色，可是就不見他拿錢回家。有一次回來還跟家裡要錢，我們覺得很奇怪，後來才知道他在那兒有女人了。

「媽媽呢，不知道是希望多賺點錢還是交友不愼，就玩起六合彩。我們要她別玩，她就偷偷地玩，而且為了多賺一點利息，還把錢借給朋友玩，玩到房子都拿去抵押了，就這樣愈陷愈深，還一直瞞著我，不敢讓我知道。後來她打電話告訴我爸，說她玩六合彩輸了一千多萬，不知道該怎麼辦？她想自殺。我爸告訴我以後，我心想這下全完了。

「以前我的心都向著家裡，薪水有三分之二都拿回家。可是現在，完了，什麼都沒有了，還有還不完的債。我好灰心，好恨他們，整個人都快抓狂了！我覺得世界上好像沒什麼可以信任、可以依賴的人了。我好忿怒，甚至跟我媽說：『我好恨好恨你們！我這麼信任你們、愛你們，你們卻沒有為我想！』她一直跟我說對不起，對不起，可是有什麼用呢！雖然我沒有摔東西，卻覺得很忿怒很忿怒，覺得什麼都完了，被傷害得很深很深……」

阿妹說得傷心，聲音喑啞顫抖，眼淚悄悄滑落下來，一旁的吉吉急忙掏出面紙給她，浩威接續她的情緒說：「那是背叛很深的忿怒。」

阿妹點點頭，哽咽著把話說完：「後來真的是快崩潰了，因為在家裡悶得快瘋了，我不斷抱怨自己怎麼會有這樣不負責任的父母，只要看見他們，我就很氣很氣，氣到整個人快爆炸了，我想搬出去住，我媽還阻止我。她說，幹嘛搬出去住，浪費房租，倒不如省下那些錢幫她還債。我聽了一把無名火衝上來，對她大吼：『妳搞成這樣，還要我幫妳擦屁股，妳覺得應該嗎？』我媽聽了就悶不吭聲。

「雖然搬出去住了，可是我的心還是牽掛著家裡，每天晚上睡覺都會哭醒……我想是我壓抑得太厲害了，真的好難受，我想過自殺，可是又沒有勇氣，因為我對父母還是有牽掛，無法一走了之。」說著說著，阿妹的眼淚又流下來了。

「這是另一種忿怒，雖然沒有摔東西，不一定有動作，但是有點自我傷害，覺得要崩潰。這種忿怒的力量不是朝外，而是向著自己。」浩威說。

難道我這輩子都要被控制，沒有結婚的自由嗎？當場我就拿起身邊的椅子砸過去，餐桌應聲而斷。

待阿妹的情緒稍微平復，浩威轉向阿勳問：「你真的都不生氣啊？」阿勳是浩威最喜歡點名的一員，料想以阿勳的年齡和經歷應該有很多故事可以分享。

阿勳皺了皺眉頭說，忿怒是他的生活中最常感受到的情緒。「有個經驗我印象很深刻，我祖母在我小時候一直灌輸我，以後長大不能娶屬牛的，也不能娶跟我差六歲的。可是我太太就是既屬牛也跟我差六歲。她來過我家之後，我祖母很不高興，一直在背後批評，甚至大聲罵我不聽話，不准我們結婚。我非常生氣，心想難道我這輩子都要被控制，沒有結婚的自由嗎？當場就拿起身邊的空椅子砸向餐桌，餐桌『砰！』一聲，應聲垮了。」

阿勳唱作俱佳，連舉椅子的手勢都做出來了，戲劇性的情節隨著他的手腳並用在我們眼前實況演出，彷彿連當時火爆尷尬的氣氛都能清楚傳遞，「我嚇了一跳，想著，糟糕！怎麼會這樣呢？就趕緊跑回房間，用力把門關上，還好門沒壞。他們也不知道要怎麼處理，仍舊一群人坐在客廳，看著那斷腳的桌子。坐到晚餐時間，也沒人去煮，應該是沒人想吃，我想他們也很忿怒啦！」

原本不吭聲的晴子，下了個很妙的註解說：「反正也沒桌子可以放菜。」大夥都被這無厘頭的旁白給逗笑了。阿勳無奈地做了個怪表情說：「那種感覺滿暴力的。當時想，糟糕，闖大禍了，滿難堪的，不知道該怎麼賠罪。忿怒發洩過後，我就上街去買張新的桌子回來。那天好像一直都沒吃晚餐，後來他們還是很頑強地反對我們在一起。」阿勳果然是個溫和的人，「不小心」生完氣之後，還會放下身段收拾善後。

浩威也淘氣地放了個馬後砲：「或許你不要買桌子回來，他們就會同意了。」阿勳搖搖頭，不以爲然地回說：「到時候恐怕會變成長期的冷戰，他們是吃軟不吃硬的，就算冷戰十年，我看也沒結果。」

那種感覺像是生活中擺著一顆不定時炸彈，我逃不出來，也無處可逃。

「阿陌，妳呢？談一談心中的忿怒吧。」浩威問。工作坊進行到現在，阿陌也表現得極爲內斂。她常會出言安撫其他成員或者幫忙解圍，可是說起自己的故事，往往是輕描淡寫，讓人想不起她前幾次分享過什麼。不過，淡淡的憂鬱是她眉宇之間散發出來、令人印象深刻的感覺。

躊躇一下，阿陌低聲說：「忿怒是我所有的情緒中最強烈的，雖然我沒有用動作表現出來。就像會來參加工作坊的人，大家的共同點是：不敢忿怒，都很有修養。」

「不是很有修養，是被修養。」浩威笑著更正。

阿陌點點頭說：「對，是被修養，被馴化了。唉，我覺得自己的野性被馴化得幾乎不見了，而且是自己在馴服自己。我必須去說服自己面對這樣的狀況。我的忿怒……，跟我先生嗜賭有關。六、七年前，他開始碰股票和六合彩，積蓄全被套牢了。這幾年來他完全不工作，只是在計算賭贏的機率，他覺得一定算得出來。他太有自信了，還會跑去跟地下錢莊借錢，輸了再借，借了再輸，然後我就得幫他還錢。這幾年下來，算一算，我已經賣掉兩棟房子了。我很擔心，萬一有一天，我的積蓄已經無法償還他在外面所欠的債時，該怎麼辦呢？地下錢莊的人會不會來抓我女兒？那種忿怒說不太出來，就好像有烏雲籠罩在頭頂上。」

出乎意料，平常總是輕鬆帶過的阿陌，今天卻分享得那麼深。或許是阿妹父母的例子，勾引出她的傷心事？

阿陌繼續說：「我們還是同住在一個屋簷下，三個人住三個房間，我已經不可能跟他同房了。我對他的忿怒是，他不但沒盡到應盡的責任，還造成我的困擾。

可是我不願意讓女兒承受父母婚姻破裂的痛苦。有人跟我說，國中的孩子是最敏感的，別再給她額外的情緒負擔，所以我想再撐幾年等她長大一點再說。地下錢莊催債催得很急時，我也曾經要求他搬出去。可是他畢竟是孩子的爸爸啊，我不想弄得太難堪，像是把他掃地出門一樣。我也不忍心讓他流落在外頭！

「每個深夜，我先生回來經過我房門口時，我都會感覺得到，因爲我沒辦法放心入睡。爲了要等他，門沒辦法反鎖。我有神經質的警覺，一有聲響，我就會立刻驚醒，爲了保護女兒，我要有警覺。唉，我就很羨慕我女兒，有時候她睡著時，我會去摸摸她的臉頰，她還是睡得很熟，可是我沒辦法，只要有人靠近我，我就覺得有威脅感。」

阿陌又嘆口氣說：「我很氣他，氣他不能幫我分擔家庭的責任，還要製造我的困擾，總是讓我擔心受怕。雖然他一直想，有朝一日贏了就能翻身，也能稍稍彌補虧欠我的，可是愈這麼想，欠的錢就愈多，我的壓力也愈大。那眞是無處可逃，好像是生活中擺著一顆不定時炸彈。

我看過很多諮商輔導的書，拚命說服自己，讓自己甘心平衡一點。我們很少在小孩面前吵架，對我女兒來說，父母雖然不像別人家那麼親熱，但起碼是有父有母了。」

我想我會快刀斬亂麻，必要時不惜玉石俱焚。

「可是長久以來，父母都分房睡，青春期的女兒都不覺得有異狀嗎？」敏感的素素沒放過任何細節。

阿陌苦笑著說：「對啊！女兒很小的時候我們就這樣了，所以她一直都認爲父母應該是分開睡的，雖然長大後慢慢覺得有些不對勁。她去親戚朋友家，看到別人家的父母都是睡在一起的，還覺得很奇怪。我不去講明，希望把對她的干擾降到最低。」

母親保護孩子的用心令人感動。備受父母呵護的吉吉馬上聯想起自己的處境，她帶著心疼的口吻說：「我曾經跟我媽說，工作坊裡有個人跟她很像。嘴角總是下垂，好像壓力很大，心事重重，眉頭都打不開的樣子。我眞的覺得妳跟我媽很像，很愛孩子，什麼事都爲孩子著想。」

「我努力把自己訓練得不需要任何人，可是我還是需要一個人讓我的感情有出路。還好我有一個孩子，她是我一手帶大的，她是我生命中最重要的支柱。」阿陌說。

「唉，眞的是無處可逃！」浩威說。

「妳會覺得寂寞嗎？因爲所有的事都是妳一個人在承擔。」我問。

「寂寞？不會啊，我不認爲朋友或父母能幫我做什麼，我一個人也扛慣了，我想我是很能夠自己生活的，帶著女兒一起，我就能生活得很好。或許，有一天能夠遇到一個精神伴侶當然很好，但是那也是可遇不可求的，所以就不去想了。當妳沒有期待，自然也不會失望。」阿陌雖然認命了，卻引來衆人同情的嘆息。

成員們都沉默著，各自想著自己的心事。我用腳趾玩弄茶杯的握柄，不小心把杯子踢翻了，茶水翻倒浸溼了墊子。素素驚叫出聲，趕緊拿面紙來擦拭，「眞的是太沉重了！連杯子都倒了。」浩威幽默地幫忙解圍。沉默半晌，悶了半天的晴子說：「我覺得妳的忿怒，好像被什麼關住了。」

阿陌很無奈地嘆氣說：「我相信是被關住的，可是我能對誰發洩呢？我摔東西也沒用啊！」坐在一旁的唐果溫柔地看著阿陌說：「聽了妳的話，我好難受哦。唉，我覺得自己講不下去了，我剛才差一點就哭出來——我的忿怒是很急性的，如果像妳忍耐這麼多年，我早就發瘋了。我想我會先把那個男的幹掉！」唐果氣憤地說。浩威也有同感：「我想我也會快刀斬亂麻，必要時甚至不惜玉石俱焚。」

此時，小倩心有所感地做了個分析：「我覺得兩性處理情緒有很大的不同。女性對婚姻的忍耐程度似乎比較高，像阿陌就不會用暴力的手段，可是男性就會有比較多肢體的動作，不是傷害自己就是傷害別人。」

「太悶了，太沉重了！」浩威慨嘆，開始徵求曾經勇於發怒的經驗。

我對著山谷把心中的忿怒叫出來，感覺滿舒服的。

臉上表情如初春多變的氣候、聲調輕快活潑的素素接口說：「我的情緒很直接，喜怒哀樂全寫在臉上。我在外面租房子，有一次晚上十一點多想打電話，發現電話壞了，仔細檢查，原來電話線被拔掉了。難怪這陣子晚上十一點過後都沒有電話。當時我很生氣，覺得沒有人有權利拔掉電話線。後來發現是我的樓友拔掉時，我就跑去她的門口跟她大吵。她卻很強硬地說：『女孩子住外面，十一點就應該睡覺了。』我回答說：『我又不是住教會住宿舍，妳憑什麼管我？』

「那個架吵了好久，也很大聲，附近的人應該都聽得到。吵完之後，我發覺自己氣到生平以來第一次有腦充血的感覺。我很訝異，自己怎麼會氣成這樣？後來她常會藉故找我麻煩，比方說，敲門說我音樂開得太大聲，我根本不理她，反正那時候是白天，不會吵到別人睡覺，所以我又開得更大聲。」

素素突然打住，吐了吐舌頭，有些害羞。或許是前面的分享者，都未曾那麼赤裸裸地表達忿怒，素素有點不好意思自己展現出「潑辣」形象。不過她還是揮舞手勢，毫不做作地說：「隔不久，有一次她半夜又來敲門，在門外口氣很不好地罵說音樂太大聲了。我很不高興，完全不理她。她就繼續敲，把我的門敲壞了。那晚我真的被嚇到了，門沒辦法關，很沒安全感，也很害怕，不知道她會再做出什麼事來。還好隔壁房間的人一直在放阿彌陀佛的音樂，我就是靠那個音樂度過房門壞掉的夜晚。之後，我看到她，就告訴自己『不能氣，不能氣』，勉強壓抑怒氣，把她當個陌生人就好了。

「後來我跟朋友到山上玩。到達山頂時都沒有人，我建議大家來喊叫，看討厭誰就罵誰。一時之間我想不到要罵誰，突然間想到她，可是又忘了她叫什麼名字，於是我就對著山谷大叫：『死女人，妳去死吧！』大叫過後，感覺滿舒服的，我覺得自己調適得還滿好的。」

素素能夠這麼舒暢開懷地表達忿怒，眞是有益健康，令人羨慕。聽素素說完，晴子心有不甘地說：「我以前比較不敢表達忿怒，因爲我是老師眼中的乖學生，會覺得發怒是沒修養的，或者是連續劇裡的富家女才做的事。我多少也有一點『白雪公主症候群』，記得有一次因爲學生編班問題和主任對罵，說了一句『騙』，就很難過得邊罵邊哭。」

忿怒眞的是被負面解讀的情緒，因此大部分的人都選擇壓抑嗎？大家說忿怒，卻說得鬱悶窒息，似乎把怒氣憋住，發不出來的感覺。不敢好好生氣，似乎成爲一種文明病哩！因此整個工作坊進行中，只聽見浩威不斷追問「爲什麼不敢生氣？」

聚會結束，成員們還圍在浩威身邊，聽他介紹值得一看的電影和表演。每回工作坊一結束，就像電影散場，亮晃晃的燈光一打開，剛才彼此依偎取暖的氛圍，多少會煙消雲散，回想相互分享的故事，我不免有些難爲情。走出活動室外，看到日光燈下，成員們清晰的輪廓和靈動的表情，我們交換會心一笑。因爲，在某段時空，基於不可知的因緣，我們知悉了彼此片斷的生命故事和不輕易啓齒的祕密，或許也曾撫慰和溫暖了對方。多年後，我們或許會遺忘這些故事，但是這卻是段奇妙的緣分啊。

* * *

王浩威的情緒筆記——

忿怒可以分很多層次，包含最輕的一端是出現在生活中累積的挫折不滿，一直到最嚴重的另一端則是我們平常說的「抓狂」，所謂的自戀之怒（narcissisticrage）。

生活中所累積的不如意，每個人表現的方式是不同的。比方說趕著上班打卡時卻塞車，有的人會破口大罵，有的人只是心裡著急；又像媽媽叫小孩起床上學，有些媽媽只是緊張地催促，有的媽媽就會出口大聲罵孩子。當周邊環境沒辦法符合期待時，我們會忿怒，不過所謂的修養是可以處理這些不如意的。修養可說是廣義的「同理心」——可以理解對方的處境，瞭解對方的有所不能。像塞車或是孩子賴床、不想上學都是莫可奈何的事，甚至是當然會發生的事，接受了這些存在也就少了一分的忿怒。除了這樣的同理心之外，其實當我們能理解忿怒對事情毫無助益，自然而然地，可以消弭對周邊人或事的不滿。

對於愈不認識的人，或者是位階上遠低於我們的晚輩或下屬，我們愈敢對他們表達不滿；可是對於權力與我們相當或遠超出我們許多的人，我們就愈不敢對他們表達忿怒。然而，不敢忿怒並不代表沒有忿怒。忿怒的情緒還是會累積，等到達臨界點時，小小的一滴水就可以穿石，然後導致山洪爆發。這一點滴的忿怒可能跟之前累積的忿怒都不相關，可是所有累積的氣卻可以全都發洩在這一點上。比方說，先生在公司被上司責備，客戶又來抱怨發牢騷，下班時，等公車等了很久，好不容易等到了，上車時還摔了一跤出糗，這時候一進家門看到太太吹口哨做家事，就會開始挑毛病，挑剔太太怎麼拖到現在家事都沒做好，太太一定說沒有啊，不覺得與平常有什麼不同，可是先生就會藉故開始發脾氣，一股腦兒地把結婚以來的帳都拿出來清算。這樣的氣，通常累積到了遇見一位位階較低的人，才會爆發。

另一種自戀之怒就不同了。每個人的心底深處都有根本且必要的安全感和尊嚴，這安全感和尊嚴未必有道理，或許只是一種習慣，或許是成長的經驗，不過一旦被碰觸到，就會引發近乎狂風暴雨的情緒，好比我們平常講的「抓狂」。有人形容說，忿怒之火會把理智全燒光，指的正是這種自戀的忿怒，因爲根本的尊嚴被傷到了，所以用幾近於崩潰的狀態來反撲。

先前提到被背叛時，除了傷心之外，最強烈的表現就是忿怒。因爲在未被背叛前，透過占有欲，對方已被我們視爲根本的安全感，所以一旦失去，就會在傷口處出現無比的忿怒。還有一種情形是，每個人活著都會有一些讓自己活得更得意一點的自我欺騙。這種自我欺騙有時是自己也不願意去面對的，可是萬一被指出來了，看穿了，可能就會抓狂。吳三桂的「衝冠一怒爲紅顏」，就是典型的例子，因爲對他來說，是男性尊嚴嚴重受損。對很多男性來說，在刻板的性別角色下，所謂的男性氣概，其實是很多事情都好商量，但絕不能戴綠帽子。

情緒出路

自戀之怒的殺傷力很強，不論是對自己或親密的人，都會造成傷害。這樣的忿怒太沒道理了，人們卻往往礙於面子不願意承認自己的錯，這點才是造成關係徹底破裂的原因。發生抓狂似的忿怒時，我們要認眞思考，自己到底在乎什麼？如果願意停下來想想，反而可以幫助自己的潛意識做更深的探索和瞭解。

記得我在高中時，曾經有一次因爲自己該做的事沒有做，而和同學爭吵，那個同學突然罵我：「你老是裝出一副很可憐的樣子要人家同情你。」他講出那句話時，我覺得整個人被掀出來剝光了，氣得當場就翻臉了，可是事後想想，可能是因爲相處久了，他的觀察力實在很敏銳，以前自己做錯事時，就會裝一副可憐的樣子，別人看了就會想，這麼乖的孩子就原諒他吧！這是我記憶中有關忿怒印象最深的事，從這個經驗中我也發覺，原來我會用自怨自艾來逃避責任。個性中有這部分的懦弱，雖然沒辦法說改就改，不過在這件事之後，我就會慢慢注意這種狀況。從自己的生氣瞭解到自己所在意的是什麼，其實是可以學到很多的事情。

生氣和抓狂都被視爲忿怒，雖說被視爲七大罪之一，不過未必一定是不好的。大家都對忿怒抱持著負面的看法，其實是人類社會隨著文明進化的結果，忿怒被視為低賤的、沒修養的。事實上，我們如果理解自己在乎什麼，進一步再瞭解怎麼做才能達到改變時，就能從這樣的理解來開始行動。行動愈多，忿怒就會愈少。比方說，我們對社會的不滿，如果能找到著力點去改革，牢騷怨怒就會變少。

一再壓抑忿怒，忿怒並不會消失。團體裡提到多數人罹患的「白雪公主症候群」，那是很深的壓抑，不敢生氣，沒有能力生氣，缺乏要求別人的基本能力，同時也意味著不敢發表自己的意見，自己的想法連想都不敢想，就如同龍應台問的《中國人，為什麼不生氣？》一樣，指的正是這樣的情況。這反而是比忿怒還更悲慘的事。

延伸閱讀

1. 《攻擊的祕密：從演化論的觀點看攻擊性》　席德拉・勞倫茲著　遠流出版
2. 《生氣的藝術：運用忿怒改善女性的親密關係》　狄奧多・芮克著　圓神
3. 《人類破壞性的解析》　佛洛姆著　水牛
4. 《如何好好生氣：憤怒模式工作手冊》　羅勃特・富勒曼隆格著　張老師文化

第六課
沮喪。落入無邊的深淵

投向死亡的自殺，也就是最後的戰鬥了。
雖有一時之效，但也容易隨著時間流逝而被眾人遺忘。
所謂的沮喪，也就如孤魂野鬼般，流離失所卻永不散去。

今天是「情緒工作坊」第六次聚會。進辦公室前，外頭陽光燦爛，有春神降臨的氣息。但是已近傍晚，天氣好不好，已無從感知。工作坊的活動，在地下室進行。地下室無寒暑，只有空調，因此無法反應外界環境的變化。

上次談「忿怒」時，把生命中最沉重的負擔和壓力說出來，阿陌今天看起來比較放鬆，嘴角不再像吉吉形容的，總是下垂著，跟成員的互動也熱情多了，像是產生了朋友般的信任感。今天還會有誰說出令人嘆息的生命故事嗎？

浩威來了，等待片刻，人也陸續到齊了。「喂，你頭髮又變樣子了？」浩威頗感新鮮似地看著唐果。「有嗎？還是那麼亂啊！」「他根本沒整理。」女生們毫不留情地七嘴八舌。「有啊，我有整理，而且我還自己染了頭髮。」唐果伸手拉拉額頭前面一撮顏色斑駁的金髮。「愈整理愈亂啦！」素素乾脆給個結論。

那時候我住十樓，常常會想就這麼飛下去吧！怎麼那麼沮喪？好像被人卡住動彈不得。

浩威言歸正傳宣布主題：「上次談『忿怒』，這次接著的情緒是『沮喪』。」沮喪？阿陌說：「給個定義吧？」大姊也問：「『沮喪』的英文是什麼？」浩威看著大家充滿疑問的反應笑說：「哎，已經有人用英文思考了。其實我不敢給定義，考慮帶這個工作坊時，就有這樣的困擾，因爲每個民族的情緒不一樣，如果我們說：『今天很沮喪、憂鬱。』聽起來滿『瓊瑤』的。但在英文中就有很多形容詞像—— depression、blue、despair 等等。」

「我覺得『鬱卒』對台灣人來講就比較通俗流行。」大姊給了一個直接明白的定義。

一時無人發言。浩威低頭撥弄眼前的筆記本，目光隨著指尖在本子上游移，那是他要說故事前的習慣動作，然後接著說：「之前我待在前一個醫院時，那裡的醫師平均只待兩年左右，流動性很高。那時我已經待了四年，資深程度大概可以排進前十名。因爲我自己是學精神科，對整個醫院的人際互動其實很淸楚，當時就發覺醫師與管理階層的衝突是流動性高的原因。

「比方說，每當醫師去跟管理階層據理力爭說需要某些東西，醫療品質才會改善時，起初他們都不太理會，等到醫師覺得此地不可留，打算離職時，他們才會很緊張地答應。可是等醫師跟他們簽完一年的合約後，他們又完全置之不理了。這時候，眞是秀才遇到兵，有理說不清。而長期互動下來，他們已經知道留不住你了，所以也不會刻意留你，於是就開始往外說：『這個人就是這麼沒風度，難怪病人都說他脾氣不好……。』」等你聽到這類的耳語時更生氣，整個醫院的人都對你另眼相看，你變成醫院裡的黑羊，到最後只好滿懷氣憤地走了。

「等我和另一位精神科醫師也遇到同樣的問題時，我們就事先商量好，不管他怎麼說，我們都要笑咪咪的，到時他無可奈何威脅利誘，我們也不理睬，讓他愈來愈受不了。而醫院裡的同仁都知道，你現在跟管理階層吵架，變成黑羊了，每個人看到你都會變得敏感、尷尬。那時我們兩個也說好，遇到每個人都要嘻嘻哈哈的。因爲其他人也知道主管有問題，但又沒有出來指正，所以看到你會有罪惡感，尤其你又保持和睦時，他們會更不安。萬一我們不理他們，他們就會合理化說：『這人就是脾氣不好，壞傢伙。』

「可是到了後半年，是我最低潮最沮喪的時候。因爲忿怒一直被壓抑，無法發洩又沒有辦法排解；因爲一旦發洩出來，就會變成黑羊。當時我住在十樓，常常會想就這麼飛下去吧，那種念頭會一直冒出來，似乎整個人被卡在那裡動彈不得，沒辦法做任何事情，因爲知道自己要離開了，所以只好拚命寫作，那時候文章寫得最多，因爲要自我治療。」浩威垂著頭，聲音愈說愈低。

小倩嘆說：「少年浩威的煩惱。」浩威笑笑地聳一聳肩說：「其實那傷害滿深的。」

我真的是那麼幸福嗎？我講的話都沒人能理解。難道幸福的人就沒有難過的權利？

吉吉今天滿主動的，不待浩威點名，就自己先說了：「其實參加這個工作坊，我也有些沮喪。覺得自己說的話，沒人能瞭解，我被視爲一個很幸福的人，不能有任何抱怨，再抱怨就會遭天譴。唉！」

「因爲我們認定妳太幸福了，所以妳覺得很沮喪？」小倩關切地詢問。

「嗯，因爲我的朋友也都這麼說：妳沒吃過苦、妳爸媽太寵妳了，所以妳才這麼任性……我總是接受到這樣的訊息，到最後，我不知道是我說不出來，還是我不想說？」吉吉委屈地說。

「別人把妳歸類成幸福的人，導致妳不想說？」浩威追問。

吉吉嘟著嘴說：「嗯。上星期我到朋友家吃飯，結果也一樣。我乾脆就不講了，反正講也沒用，你們不會瞭解。」吉吉的口氣有些賭氣。

對於吉吉需要呵護和安撫的撒嬌，我並不善於回應，但是阿勳卻很有耐心地詢問：「那是什麼感覺？」

吉吉皺著眉頭，語氣裡有濃濃的抱怨：「我不曉得啊，像上次素素問我，妳會不會覺得別人嫉妒妳？我想，我沒什麼好嫉妒的，很多東西不是我努力得來的，也覺得自己不必太努力，日子還不是照樣過，哪有什麼好嫉妒？人家爲什麼要嫉妒我？」

浩威也問：「是啊！別人必須努力才能擁有的東西，就如妳剛才所講，妳根本不必努力就覺得自己是『應該』得到的。」

「對呀！所以我好像獲得的很不應該。每次只要我多說些什麼，朋友們都會說：『妳太幸福了、妳沒吃過苦、妳得的太多，所以才會這樣，妳應該去吃一點苦！』我覺得沒有人能瞭解我的感受。可是我幸福嗎？難道幸福的人就沒有難過的權利？我認爲我很痛苦呀，你們又不是我，怎麼會瞭解我的難過？

「最近我學到尋找『內心小孩』的概念，於是就試著去找。然後發現，從小到大，我爸媽只吵過一次架，不是大吵大鬧，我也沒哭，只聽媽媽說要拿刀子殺死自己。因爲那時候爸爸很愛打牌，好幾天沒回家，媽媽就帶著我們去找爸爸，那是父母唯一一次吵架。其實我的生活就是自己一個人，雖然我和弟弟感情很好，可是從小就一個人玩，我常站在陽台上看鄰居的小朋友玩。」吉吉語氣急促，急著訴說自己的委屈，反覆抱怨別人不瞭解她，「我也告訴過爸媽，剛來參加工作坊時不知道自己要坐哪裡，也很擔心旁邊會坐誰？因爲我習慣初到一個場合，就會有人招呼我：『來坐我旁邊』。我需要有伴哪！所以我會擔心要坐哪裡。」看來吉吉很敏感易感呢！

浩威溫和地說：「如果妳不曾把這些話講出來，我們也會跟妳的朋友一樣，認爲妳是個從幸福家庭出來的小孩，而妳的父母親就像神仙眷侶。」

那個孩子給我一個洋娃娃，我給那小孩一句話：爸爸很愛媽媽，所以妳放心。

阿勳很好奇地問：「『內心小孩』要怎麼找？」

「那是我聽廣播主持人說的，情節是這樣：先走入一個森林，看見裡面有間屋子，這是一座圖書館，架上每一本書代表每一個人，我翻開其中一本寫著我的名字的書，看見自己回到原來的家，見到小時候的我，然後進入裡面逛遍每個角落，我記得客廳、廚房、廁所，就是找不到飯廳，因爲我父親常不回家吃飯。

「最後主持人說，當妳要離開時，那個小孩會給妳一樣東西，妳也要還她一樣東西。結果那個小孩給我一個洋娃娃，而我給那個小孩一句話：爸爸很愛媽媽，所以妳放心。小時候媽媽常買洋娃娃給我，我沒沒主動開口要過，也不碰那些娃娃，只有媽媽會幫娃娃縫衣服。有一次，表姊的女兒來我家，看到娃娃很喜歡，我就乾脆送給她。後來去她家，看到她竟然這麼喜愛那個娃娃，我就很想要回來。」

浩威問：「看到那個『內心小孩』對妳造成很大的衝擊嗎？」

「對，我應該珍惜我本來就擁有的。可是我總是在計較誰愛我、眞心對我好，而誰又對我不好，事實上自己擁有很多，因爲不需要爭取就能夠擁有，所以我都不懂得珍惜。我想是因爲缺乏安全感，我對能控制的東西，會盡量去控制；無法控制的，我就放棄，保護自己不受傷害啊。不懂沒有關係，不要這麼沉重……」

看大夥無語地凝望她，吉吉有點緊張地搖搖手。

我相信生活上有個好伴侶，是人生很圓滿的事。我喜歡現在的自己，也追求圓滿的人生。

素素點點頭，用理解的口吻說：「沒關係，我保護自己的方式，也跟妳一樣。上次聽到大家談婚姻生活，我也不敢結婚了。我覺得，我現在一個人生活得很好，將來結婚，還要爲先生和孩子的生活操心。若是先生遇到挫折無法面對時，我還得幫忙他承擔，我覺得那好辛苦。我感覺大家的婚姻都不是很幸福，所以我會對婚姻這個制度很失望，我覺得一個人過也很好。」

素素一連串的「我覺得」，包含了很多不確定的疑懼。她說「大家的婚姻」，是特別指阿陌上一回分享的故事讓她害怕嗎？阿陌故作開朗，像要為素素打氣似地說：「我對婚姻也不是那麼失望。」阿陌緩緩地訴說，像是經過深刻反省後的領悟：「人如果能在有生之年，找到另一個很好的伴，是人生最圓滿的事。上次講過我的婚姻狀況後，你們一定認為我很沮喪，我是有很長一段時間滿沮喪的。不過，我始終沒有放棄再找一個伴的念頭，然後再好好地過下半輩子，這種期待隨時都有。

「如果我們在年輕時很聰明就找對了伴，那眞的是很幸運的事，如果當時眞的不是那麼聰明，看的事、選的人不是很對，又年輕得不肯聽長輩的話，就更容易走錯。唉，我前幾天在報紙上看到洪萬生弔念彭婉如的兩篇文章，世上還是有很恩愛的夫妻。中國人講七世夫妻，我想我和我的先生，應該還在第一世，打打鬧鬧，相欠債的階段，不像有些人已經修到了第七世恩愛的階段。

「我相信生活上有個好伴侶，是人生很圓滿的事。我喜歡現在的自己，也追求圓滿的人生。眼前的痛苦會促使我去學習，會成長的。唉，盡力而為吧！」阿陌已經找到了自我圓滿的方式，開始接受和喜歡自己，這恐怕是用許多的恐懼、痛苦和淚水換來的智慧，應該要好好地為她祝福。

我的忿怒是針對命運吧！我的努力不比別人少，但結果卻沒有人家好，一路走來，我常會問自己當時為什麼做那樣的選擇？

過了一會，浩威抬頭看著我說：「聽說淑麗是猶豫了很久才結婚的？」

「沒有耶，」我說：「那時候沒有考慮得很仔細，是很迅速做決定的，其實在做決定時，不覺得是在爲一輩子做決定。人生在做幾個重大決定時，其實都很年輕，包括在大學聯考選塡志願時，都沒想得很淸楚，就選了某一個科系。決定結婚時，也沒有想很遠，只想到最壞就離婚，反正現在這個社會，離婚也沒什麼大不了的。不過有一個關鍵是，我沒有什麼不放心，覺得我先生人不錯，我信任他也依賴他。我對於婚姻沒有特別的幻想，就是兩個人互相陪伴，沒有懼怕的事。」

「聽妳這麼說，我會滿嫉妒的，羨慕天生就聰明的人，所做的選擇都比較正確。」阿陌苦笑。應該跟聰明與否無關，一切都是命運吧？我想。

「有這種事嗎？」原本沉默的大姊誇張地嚷著，像要安慰阿陌。

輕輕一嘆後，阿陌說：「或許是命運吧，有時候我的忿怒是針對命運！我的努力沒有比別人少，但是結果卻沒有人家好，我想這就是命吧！一路走來，我常會問自己，爲什麼當時會做那樣的選擇？」

「當妳嫉妒那些幸福或者命比妳好的人時，會不會覺得忿怒，想做一些小動作？」學哲學的唐果，無厘頭地飛來一筆，逗笑了大家。這是典型的「唐果式」風格，常會將大夥從低氣壓中解救出來。

阿陌搖搖頭：「不管是嫉妒或羨慕，又能怎樣？反正再不好，也就這樣了。」

我爸講那些話時，好像一刀刀地在砍我，讓我很沮喪。

浩威含笑地問唐果：「你的沮喪呢？」

小動作很多的唐果，被浩威一問後，變得認眞起來：「談沮喪，我印象比較深的是九一年在中正紀念堂的學運。我記得那天，社團學長開完會後，就決定分批絕食，我被分配到第二批。我先回家洗澡，吃點麵包、喝些牛奶。絕食活動開始後，學長要求我們要壯烈一點：不要睡覺、不要靠著牆，反正看起來要很嚴肅就對了。後來他們安排絕食學生上台去講話，輪到我上台時，我就說：『很高興有這個經驗來參加絕食，絕食沒有什麼不好，可以把身體不必要的脂肪燃燒掉。而且我們這樣，不算完全的絕食，只算是斷食，因爲我們喝了水也減少活動量，所以對身體不會造成太大的影響……』沒想到講到一半，就被學長拉下台。」

唐果皺起眉頭沉思時，哲學家的味道就跑出來了。原本預期會聽到慷慨激昂甚至讓人動容的演說，但是唐果卻不按牌理出牌，弱化了學運的悲壯氣勢，態度輕鬆得像參加「減肥營」。他的脫線演出，引來同伴們的笑聲。「早該下台了，我不只沮喪，還有點忿怒！」大姊一本正經地教訓他。

唐果不以爲意地苦笑說：「當時我滿沮喪的，我想是不是講錯話了？後來我開始擔心家裡的人和女朋友，因爲我一直沒和他們聯絡。可是有天晚上，我姊突然跑來找我，她問我在幹嘛？我說：『跟學長商量好來抗議這些老賊。』她說爸爸媽媽非常擔心。我問她：『爸媽怎麼知道？』她說：『媽媽在報紙上看到你的照片。爸爸知道後，快氣死了。』

因爲我爸是個忠貞的國民黨員，從大陸來的，一輩子的老黨員。他一知道就打電話給我姊姊說：『叫他馬上回來！』還跟她說，如果我不聽，就像連續劇那樣，斷絕父子關係！連續劇是演戲啊，可是我聽姊姊一講，心裡滿緊張的。我姊還強調爸爸有高血壓心臟病。我說：『好吧，那我就回去好了。』我打電話回家，我爸就連續罵了五分鐘：『你以爲只有你們學生愛國，被人家利用還不知道，大陸就是這樣丟掉的；你去抗議就算了，還去絕食，你要白髮人送黑髮人……』當時聽我爸講那些話時，好像一刀一刀在砍我，我還來不及說明，他就掛電話了，讓我滿沮喪的。我只想表達一個很單純的抗議，結果卻變成我在傷害他們。」

「沮喪到底是哪裡來？是因爲被誤解而覺得沮喪？還是有更深層的無力感？覺得被誤會、被背叛？」浩威抽絲剝繭地追根究柢。

唐果歪著頭，撫摸著手上的茶杯想想說：「來台北唸書，我覺得自己滿獨立的，可以去做一些事情。可是每次去做我想做的事，我爸就會有意見。像去絕食，我覺得滿快樂，不過對他來講，就變得很糟糕，這樣的情況一直在重複。我想去追求很快樂的事，我的父親都會跳出來指責我的不是，完全沒辦法溝通，而且那種沒辦法溝通是一種絕望，最好一輩子都不要和他談政治，不然就是擺明跟他衝突，搞到要斷絕父子關係那種肥皀劇，很激烈的。只要做自己想做的動作，就會……，唉啊，對我來說是一種滑稽又悲哀的事。」

「有種被綁住的感覺？」浩威問。

「對呀，動輒得咎，連在這麼遠的地方做這種事，都會被他發現，沒辦法逃。」

「你沒辦法忽視你爸的反應？如果你做決定時都要考慮他的反應，那怎麼做你喜歡的事？」小倩對唐果提問。

唐果伸長雙腿，兩手一攤說：「後來我做什麼事都不讓爸爸知道了。」父子之間的溝通，向來都不是件容易的事情。不溝通，反而變成避免衝突的方式，久而久之，卻也造成了隔閡。

我覺得這個世界上已經沒有人可以相信，可以依賴了。我真的好絕望。

浩威轉向阿妹問：「妳今天都不說話？」雙眼紅腫的阿妹，鼻音濃重地說：「除了感冒之外，就是煩家裡的事。早上我媽打電話到辦公室，問我爸的外遇該怎麼處理？我媽其實很愛我爸，但是她的方式，我爸完全不能認同，她會偷偷去翻他的東西，我爸就認爲不被尊重。我也不知道該怎麼辦？我覺得那是一種無力感的沮喪。心情好亂，如果是經濟壓力也就算了，可是精神壓力眞的讓我透不過氣來。雖然我現在住外面，但隨時都會有狀況發生。我很怕接到媽媽的電話。本來一早心情不錯，我怕她一講完，我就四肢無力，好沮喪哦！我不曉得怎麼幫我媽。」阿妹說著說著啜泣起來，眼淚接著撲簌而下。她因爲深愛父母而飽受煎熬，可憐的女孩。

淚水稍歇，阿妹又說：「只要家裡一有狀況，我就會沮喪。我對家裡的愛很重，他們的一舉一動都會牽絆我，讓我的心好痛好痛。就算我逃到國外，我也放心不下，我覺得壓力好重。在這裡我雖然講了很多，可是回家時走在路上還是會覺得很悶，事情並沒有解決，問題依然存在，很難過啊！」淚水又潰堤了，阿妹今天哭了一整天嗎？所以鼻頭紅咚咚地。哭著哭著，阿妹突然尖銳地嚷著：「我好想自殺！」

浩威嚇了一跳問：「爲什麼有這麼強烈的感覺？」

「因爲這個世界上已經沒有人可以相信，也沒有人可以依賴了，我眞的好絕望。」阿妹泣不成聲地，淚水止也止不住，眼神語氣都發出求救的訊號。

坐她身旁的阿陌嘆息，輕輕地拍拍她，很溫暖地說：「妳要不要去找專業協談中心？因爲這些事要靠妳自己解決。我以前也曾找他們談過，雖然事情到最後都必須自己來承擔，他們都受過同理心的訓練，在談話的過程中，情緒可以得到抒發。妳對家裡的愛很重，但那眞的眞的不是妳的責任，對不對？」

把生命的重擔強加在別人身上是不應該的，不管關係多麼親密，我負擔不起。

看著啜泣不止的阿妹，我有點不忍心：「我講一下我的經驗，以前我也感受到像阿妹這樣的情緒。我爸過世以後，我媽覺得很孤單，她沒辦法自己一個人生活，雖然我妹妹陪在她身邊，她還是覺得很孤單。她一方面抱怨自己要養三個小孩，其實我們都已經長大了，這是經濟上的不安全感；另一方面是情感上的，她怕以後沒有人可以依靠，所以情緒就會直接對著我來，我媽媽大概知道我是心軟的人，知道對我說的話，我會有反應，那反應絕對是很強烈的。以前我每天都會打電話回家，每次都感到無力而痛哭，當她生意不好或者煩悶無力時，就會透露想自殺的念頭。

「她從沒想過透露這樣的訊息對我的壓力很大，我沒有辦法解決，更不可能讓我爸復活，或者在短時間內解決她的不安全感，只能陪著她哭。經過很長一段時間，反覆折磨之後，我也有一些想法。我會氣她爲什麼要把我逼到這麼痛苦，我想我能給的都給了：每天打電話給她，每當她向我訴說痛苦時，我會想辦法取悅她，製造驚喜給她。但是她覺得可以要的更多，甚至要我回花蓮陪她，我考慮過後，那似乎是不可能的。回花蓮去，我會找不到工作，我拒絕了，但是這三、四年來，她常在電話中做這種明示暗示。我常在想回花蓮陪她有用嗎？也許反而會造成更多的衝突和痛苦。後來，我發覺母親給的訊息是有選擇性的，像弟弟就不會收到這樣的訊息，她只會跟我和妹妹訴苦。

「我妹妹陪著媽媽，有時候媽媽情緒太強烈，妹妹聽了會發抖。她沒辦法承受時，就會打電話給我，請我出面幫忙，後來我覺得那壓力實在太大了，於是決定選擇性的承受，但不要完全撤退，我畢竟是她的精神支柱，我知道自己能承受到什麼地步。例如，她要我立即回花蓮，我可以每天打電話給她，經濟上，我會支援她，就算結婚後也一樣；情感上，如果她心情不好，我可以隨時打電話給她，甚至馬上坐飛機回去陪她。我希望能給她更多的安全感，但如果要我馬上回花蓮找工作，我會讓她知道眞的有困難。」換我要嘆氣了，雖然是爲了安慰阿妹才說這些，但是我的眼睛並不敢看她，素素說我每次說話時都看著天花板。分享的過程中，我刻意表現出自己能承擔的部分，其實我懷疑自己做的能像說的那麼多那麼好。

「我覺得把生命的重擔強加在別人身上是不應該的，不管關係多麼親密，至少我負擔不起，我也有自己生命的重擔要扛，其實媽媽也有些反省，她知道自己製造出來的困擾，慢慢有些善意的回應。我選擇我所能承擔的，讓她慢慢去適應一些情況，讓她意識到某些事，我眞的是無能爲力。我也請弟弟來分擔壓力，而且我覺得母親最該爲自己負責，不可以撒嬌、抵賴，說她不行，然後全部推給兒女。」

「妳會把無能爲力的部分講給妳媽聽嗎？」小倩問。

「我講不出口，一開口就會痛哭。很多是經由我先生說，我媽知道後會自己反省，情況就有比較良性的改變。」

以前我會聽那些不幸的人說故事，然後慶幸自己比他們幸運，現在我覺得自己應該走出來了，不該再依賴別人的不幸來自我安慰。

阿妹的啜泣漸緩，哽咽地說：「參加這個團體，我慢慢去發現——為什麼我小時候只知道玩，對很多事情都感到一片空白？我一直在問為什麼自己會是這樣的個性。眞的找回滿多的。剛開始面對一群陌生人講心裡話，會保留很多，但又想傾吐，可是講出來又沒有安全感，於是試著講出來，會很滿舒服。如果沒有講，回到家心裡會滿難過的，所以我覺得參加這個工作坊是有治療效果的。」

這段話算是傷心過後的阿妹，深刻的感觸吧！

「建議妳，回去延續這樣的感覺，生命的歷程……」阿陌用鼓勵的口吻說。

「其實我有寫日記。」阿妹回應。

「上次我為什麼直到王醫師點名才講。」阿陌看著浩威笑了：「當時我和妳有同樣的想法，不要講自己最重的部分，講一些小事情就好。可是如果沒有把自己最沉重的部分講出來，其實前前後後講的都是表面，只是在應付。上次眞的說出來了，獲得一句很受用的話是唐果講的：『心裡覺得快哭了。』好像有人瞭解我同情我，雖然我不喜歡人家同情。

「回家的路上，我都會收聽洪小喬的廣播節目。其實我滿卑鄙的，我利用她的節目來治療自己。因爲會打電話上節目的人都是很淒慘的，我聽那些不幸的人訴說他們的故事，然後慶幸自己比他們幸運。我覺得自己應該走出來了，不應該再依賴別人的不幸來鼓舞自己。現在我會期待這個聚會的到來，並且喜歡來到這裡，不一定是想得到或者給予什麼，就是期待而已。」

是啊，原本從這個城市不同的角落聚攏過來，成員們懷抱著各自的心事，進到活動室的小房間裡，切斷了與現實生活的聯繫，暫時將沉重的負擔擱在一旁，帶著熱情投入自己與他人的生命故事，可能被理解，也有可能尚未被理解，重點是，彼此抱持著善意與同理心，專注凝聽，過程中會有嘆息、也有沉默，常有笑聲、偶而也伴隨著淚水。聚談結束後，又各自帶著一些感觸、一些反省（或者說功課）慢慢踱回家，隨時間醞釀、發酵，就像瓶有年份的好酒，搖搖晃晃後再入口，或許得以重新品嘗出更深邃的人生滋味。那有可能是愈陳愈香的人生況味。

漸漸的，我也開始，期待下一次工作坊的來臨了。

＊ ＊ ＊

王浩威的情緒筆記——

我們挑題目的時候，本來是選「憂鬱」，不過憂鬱是比較專業的名詞，泛稱所有的低潮，所以後來把題目改為「沮喪」。沮喪是更深沉的低潮，帶有放棄、投降，不想再跟這個世界爭吵的意思。

人跟所有的動物一樣，有基本的反應模式，面對困境時，不是戰鬥（fight）就是逃跑（flight），我們都儘量在這兩者之間努力；不過，如果無法戰鬥也不能逃跑時，可能就會昏倒或裝死（fainting）。先前講的嫉妒、忿怒，都是持續戰鬥的狀態，企圖再爭回來。嫉妒是努力爭取，忿怒則是奮力一搏，然而沮喪卻是完全放棄了。

有時我們會想逃，像恐懼的下一步就是逃，或是遺忘。遺忘也算是一種逃，不再去想，連記憶中的痕跡都不留。可是，萬一遇到連逃也沒有用，戰鬥也沒有用，甚至是不能逃也不能戰鬥時，深層的放棄——沮喪來襲了。沮喪往往發生在確定自己的戰鬥已經失敗，再也無法爭的時候，比方說人對死亡的反應就是一例。

突然知道自己的親人死亡時，每個人都會呼天喊地無法相信，甚至認爲一定是誤傳，等到確定一切都無法挽回時，眞正的悲傷才會開始來臨。也因爲這樣，沮喪往往就像無邊的浪潮襲來，沒辦法看見盡頭。沮喪可能出現在最後的奮力一搏之後，也可能發生在長期的情緒壓抑之下。經常，我們壓抑到最後覺得整個人的能量都耗盡了，並非不想再戰，只是覺得力氣用盡，像冬眠似地，掉進無邊無盡的深淵裡。通常，這樣的沮喪也沒有別的理由，只是人類的動物性告訴我們：能量已經耗盡，該休息了。

動物行爲學家認爲，沮喪未必不好，這或許是人類調整能量的方式。不過在臨床上，有些人是經常性的憂鬱，可能是無法逃又無法戰鬥，不知人生爲何而戰？不知活在世上是爲了什麼？我們在年輕時都曾經青澀蒼白過，這是人在成長過程中，必須要問的問題。可是有些人一旦面對這樣的問題，卻連問的能力都沒有，有時連環境也不允許問。比方說有個女人，在傳統的家庭裡長大，學校畢業後順利地結婚生子，直到有一天，先生有成就，孩子也長大了，她突然空閒下來，開始陷入沮喪。問她爲什麼沮喪，她可能說不出來。可是更細膩地探究，她可能會困惑地問：活著難道只爲別人嗎？到底能爲自己做些什麼？可是身爲別人的妻子和別人的母親，她不能問這個「自己是誰」的問題。不能問當然也就更不可能去找，到最後只能無盡頭地沮喪。

不過也有可能純粹是體質上的問題。研究動物行為學的學者說，每個人的能量和體質不同，有些人的能量少，很快就用完，也或許每次用的時候，用得太激烈太過度，所以生命狀態就像躁鬱症，經常不是躁就是鬱，高低起伏。歌德在憂鬱的時候寫《少年維特的煩惱》，讓人看了差點會隨著他的抑鬱而想自殺，可是一般時候他可就寫不出這麼憂鬱的作品。

情緒出路

沮喪代表某個生命階段的結束。如果因為戰鬥、逃走或裝死都無效而陷入沮喪的話，也許意味著要告別過去而向前看了。這時，該如何試試找到新的出發點，包括新的愛情、新的目標或新的人生。

如果是能量耗盡了的沮喪，就該提醒自己做個長時間的休息。怎麼縱容自己好好休息，而不要把所有的責任義務扛在自己的肩上，即使暫時還沒有能力或權利去快樂，至少可以學著把憂和慮都放下。無憂無慮，等到能量補足時，再回到原來的路上。

或許有人會興起自殺的念頭，想要以自殺來處理問題。投向了死亡的自殺也就是最後的戰鬥了，雖然有一時的效果，可是也是最容易隨著時間被衆人遺忘而成爲無效的戰鬥。當事人不在了，死亡的結果往往是被驅逐出衆人的記憶，成爲永遠的消失，甚至以爲是不曾存在過的。所謂的沮喪，當然也就如孤魂野鬼般，雖然流離失所，卻也永不散去。

延伸閱讀

1. 《躁鬱之心》　凱・傑米森著　天下文化
2. 《失落也是一種生活》　Bob Deits 著　海鴿文化
3. 《孤獨》　菲力浦・科克著　立緒文化
4. 《好走：臨終時刻的心靈轉化》　凱思林・辛著　心靈工坊
5. 《凝視太陽：面對死亡恐懼》　歐文・亞隆著　心靈工坊
6. 《難以承受的告別：自殺者親友的哀傷旅程》　克里斯多福・路加斯、亨利・賽登著　心靈工坊
7. 《幸福滋味：傾聽憂鬱的心聲》　單題思等合著　心靈工坊

第七課

疏離。人真的能像座孤島嗎？

人其實很矛盾。害怕與人太親密會把自我吞噬掉，
可是當沒有人要侵犯我們的自我時，
那種孤獨的感覺會迫使我們忍不住要去找「我類」。

工作坊已經進行了七次，早到的人圍在茶几前喝茶聊天。剛剛浩威打電話來，說在新竹有場演講剛結束，趕過來會遲一點。進入活動室宣布這件事之後，成員們七嘴八舌地討論起來。「王醫師眞的很忙。」、「上次工作坊結束後，回到家裡打開電視，還看到王醫師在電視上，眞是恐怖！」、「對啊，他每天要不要睡覺啊！」大家興味盎然地討論「王醫師」，讓我鬆了一口氣。看著成員們在昏暗的小房間裡熱呼呼地閒聊，感覺人與人的緣分，眞是奇特。我們可以說是「最熟悉的陌生人」嗎？

門砰一聲地被打開。哇！是阿正，總算來了。「你怎麼這麼久沒來？」大姊熱絡地招呼他。阿正悶著頭找了個位置坐下後說：「不好意思，我前一次腳受傷，後來又搬家。」阿正有幾次沒到了。其實，應該問自己，我為什麼那麼在乎有人缺席呢？會不會我心中潛藏了一個假設——「希望大家能從頭參加到尾，這個工作坊才算完美」？那是否也代表了我的過於執著？

正想著想著，浩威匆匆進來，邊跟大家打招呼。他在阿正身邊坐下，拍拍阿正肩膀說，「好久不見！」阿正難為情地搔搔頭。

剛來台北時，很想把國語講成台北腔，不要洩漏自己是從南部來的。

浩威解釋了遲到的原因後，就說今天要講的是「疏離」。「疏離好像是很陌生的情緒，不是常常被談起。蔡明亮的電影，就呈現許多疏離，我也常在想，人與人之間到底能有多親？」浩威想了想後說：「疏離，其實也不是那麼陌生。印象比較深刻的是我從南投上來台北唸初中，讀了一年多，得了慢性腎臟炎，後來就決定轉回南投唸。醫生說最好多休息，所以大家去升旗或者上體育課時，我就一個人留在教室。不幸成績又很好，每次都考第一名，同學就會認爲你都是因爲偷偷躲在教室唸書，所以成績才會好。

「記得那時候常坐火車來台北驗尿蛋白。尿蛋白是算幾價（＋），有時候檢查出來，少了半價，我就會很高興，一下子又覺得很無聊，一個符號就可以高興那麼久，那個旅程讓我印象很深，好像沒有人可以瞭解。」

「難道你沒有一、兩個比較好的朋友嗎？」小倩側過臉來問。

「沒有啊，我一直到大學時才有死黨，我自己也很驚訝。小時候這段過程也影響到性格，對自己的舉止動作很敏感，很在意別人的看法。記得初中上來台北時，很想把國語講成台北腔，就是會捲舌，不要洩漏自己是從中部來的。可是從台北回南投時，我的標準國語就被嘲笑，我又刻意學台灣國語，不願意自己跟別人不一樣。喔，那時候還很怕被老師稱讚，也很擔心全班被打時，唯獨自己沒有被打。我想，可能是疏離感來得太早又太強，因此很在乎別人，卻又不知道該怎麼辦，所以就自我孤立起來。」浩威說完，一時無人接話。

大家默默地低著頭，各自思索。以前彼此還不熟悉時，沉默是個壓力，不知道浩威的眼神會點到誰發言。幾次工作坊下來，我有了幾分把握，誰會義氣十足地扛起打破沉默的責任，有了這樣的把握之後，我就可以自在一些了。

畢業後我都沒和同學聯絡。回頭看那時期的照片，很少笑臉。

果然不一會兒，坐在浩威身邊的大姊就開口說：「聽你這麼說，我在想，是不是在團體中，如果羽毛的顏色跟別人不太一樣，就容易產生疏離感？」大姊轉頭等候浩威的回應，他笑而不答，暗示大姊往下說。大姊說：「以前我從基隆到台北唸書，唸北一女，班上的同學大多是台北人，生活習慣和成長背景都不一樣。例如說，有同學幫媽媽洗了碗，隔天到學校就會炫耀一番，好像是個很特別的表現。我想，那有什麼了不起呢？我三、四歲時就被規定要做很多家事了，現在每天回家都還要煮飯呢！

「坐我旁邊的同學，三年下來我不知道她是哪裡人，沒聽過她講台語。同學之間送個生日禮物，都是很貴的，我沒有錢可以送。同學都去補習，我也沒錢去補。遇到考試，挫折感就很大，因爲考題都是老師在補習班上課時講過的，沒補習的人就很慘。中午，我都沒帶便當，一個人去福利社吃。高中生活就這樣過，很少跟同學往來，同學們也都覺得我很奇怪。高中畢業後，我幾乎都沒和同學聯絡。回頭看我那時期的照片，都很嚴肅，很少笑臉。

「後來有比較深的疏離感，是因爲我離婚。我離婚十年了，現代社會裡不管離婚率有多高，在婚姻狀態裡的人就是比離婚的人多，所以在許多場合裡我就會變得很奇怪，疏離感也會產生，不過我已經比較成熟、習慣了。」

有一次在雜誌上看到「父母離婚會導致孩子喪失親密能力」的標題時，難過得直哭。

大姊用手支著額頭，啜了一口水說：「我現在跟同事之間也有疏離感。因爲辦公室的默契是比較人際導向的，可是我無法認同那樣的文化。所以我跟他們很疏遠，他們大概也覺得我怪。」

「一般人都不會輕易向別人說不，也不輕易告訴別人自己的原則。」小倩心有所感地說。

大姊說，她衡量親密感的指標是「我能不能放心地跟他說我的軟弱；而且，跟他說了之後，會不會造成彼此的疏離。」她覺得如果交情不夠，而跟對方說太多自己的軟弱，恐怕會讓對方覺得承受不住而有想逃的念頭。

「老實說，我對『親密感』滿焦慮的。記得剛離婚時，在雜誌上看到『父母離婚會導致孩子喪失親密能力』的大標題時，我就傷心大哭。我想單親是不得已的選擇，可是總有一大堆的說法在恐嚇單親父母，尤其是離婚婦女。嚇阻想離婚的婦女不敢離婚，讓離了婚的女人後悔。可是這幾年下來我有了不同的看法。我覺得導致孩子親密能力的喪失，並不是離婚那件事，而是後來處理不當的過程。比方說，有些離婚者還把對方放在心上，所以鬱鬱寡歡，對孩子也冷淡，才可能對孩子產生副作用。」大姐邊說，眼光像在徵詢浩威的意見，浩威朝她點點頭。

我不知道自己出了什麼問題，可是我就只會逃避，眼睜睜地看著朋友一個個離開我，而我卻拿不出什麼辦法。

我接著說：「有一個故事說鳥類和哺乳類的動物相互打架，蝙蝠因爲無法被分類，所以不受兩方陣營的歡迎。記得剛從花蓮來台北唸書時，班上同學都打扮得很漂亮，一群女生會說她們是北一女畢業的，我心裡也滿自卑的。在花蓮讀書時，因爲成績還不錯，或者是作文成績好，同學很快就會注意到我，主動來親近我，但是到台北之後，自己沒有出色的地方吸引別人來招呼我，也沒學會如何去親近別人，獨來獨往就變成必然的結果。

「後來到一個社運團體當義工，好不容易又有了與人親近的歸屬感，跟所謂的『同志們』相處得很好。畢業後當了一個反對黨立委的助理，後來又到政治色彩濃厚的新聞週刊工作。做到那個雜誌收了之後，我想自己並不適合在社運圈打混，於是就到《張老師月刊》來工作。到了月刊後，才發現月刊跟救國團的密切關係。當時心裡很掙扎，月刊的工作滿適合自己的，可是碰到昔日的朋友，就覺得很難去解釋自己爲何『變節』。發現以前很親密的朋友，再見面時都有些尷尬，或許也是自己的心理作祟吧！當然我心裡也很難過，不知如何辯駁，以前他們都覺得我很活潑，現在看到我像個啞巴似地。

「或許是自己缺乏信心，沒有把握說服朋友，自己為何選擇這樣的工作，看著別人還堅持著昔日的使命感，為理想打拚，但自己卻脫營叛逃了，心裡有點愧疚。其實我滿害怕自己再怯懦下去，這樣眞的會把以前的人脈都斷光了，我不知道自己出了什麼問題，就只會逃，眼睜睜地看著朋友一個個離開我，而我卻拿不出什麼辦法。我甚至還想做業務或直銷，培養自己維持人際關係的技巧。」

「轉變太大了吧！」「太極端了吧！」大姊和小倩異口同聲地說。

蝙蝠可以是一種選擇，變色龍也是另一種選擇。當變色龍是為了要——生存吧！

「我聽妳講大學時班上有一群北一女的，我們班上也是這樣。一女中的人都聚在一起，可是我還是孤獨一人，後來班上男生知道我也是北一女畢業的，大家都嚇了一跳，因為我跟她們很不像。」大姊說完，捏了塊餅乾放進嘴裡。浩威思索半晌，問大姊說：「妳會不會像淑麗一樣，進入某種場合或小團體，疏離感就會克服？」

「我的疏離感似乎都會存在，我想維持人際關係，但又不想妥協，所以在技巧上我做得比較賊一點。」大姊回答。

「剛才講蝙蝠時，我很有同感。」阿正終於開口了，先前總是率先發言的他，難得沉默到現在，可能是有兩次沒來，還在試著進入情況吧！「小時候因爲父親生病，除非是很要好的朋友，否則我不敢帶回家，我怕爸爸的病會突然發作。我認爲自己在學校適應得滿好的。或許，蝙蝠是一種選擇，變色龍可以是另一種選擇，變色龍是爲了要……」阿正搔搔頭，在找動詞。

浩威接下去說：「生存。」

「對，就是生存。」阿正說：「我爸是台灣人，我媽是外省人，我沒有語言隔閡的問題，甚至還可以居中翻譯。不過如果藉口說爲了求生存而當變色龍，感覺很賊。」

男女之間的差異原本就存在，可是我卻努力想把彼此揉在一起。

阿正繼續說：「以前一談起戀愛，眞的滿可怕的。我總是全力以赴，付出很大的心血，想抹殺兩人的差異，『把咱倆個一起打破，再將妳我用水調和，然後妳泥中有我，我泥中有妳。』我就希望是這樣。事實上，那差異是存在的。可是我卻像個習慣透過望遠鏡看東西的人，忘了中間的差距。或許當時眞的很盲目，不過就很想這樣，可是努力把彼此揑成一丸時，愛情也就不見了。後來再談戀愛就不敢有合而爲一的想法了。」

素素故意睜大眼，摹擬「揑成一丸」的動作，然後伸出舌頭做出噁心的表情說：「你在做包子啊！」浩威追問：「爲什麼不敢了？」

「或許是一朝被蛇咬，十年怕草繩吧！如果彼此有差異，不要想抹殺，妄想把彼此揑成一團。等到分手時各走各的，不會因爲要勉強掰開而有劇痛。」阿正苦笑。「是因爲害怕劇痛才要保持距離嗎？」浩威追問。

阿正搖搖頭，有所領悟地說：「距離本來是存在的。曾經有個長輩告訴我，追一個女孩子之前，得先想好怎麼把她甩掉。剛聽到這個說法，我覺得那是騙人的論調，心想既然要甩掉她，乾脆就不要追好了。可是我後來已經能體會其中的道理。」

在路上看到五、六十歲的夫妻，手牽手散步，就很羨慕他們的親密能力。

浩威點點頭，看著阿正說：「我覺得你講的變色龍很有意思。我想到常會有人誇讚：『你們家的孩子都很傑出。』可是我們兄弟姊妹之間卻很疏離。有次我哥問：『爲什麼我們家的人在外面人緣都很好？』剛剛我才想到，我們家的親密關係很差，在家裡好像……」

「缺乏安慰。」小倩很能理解似地接上話。

「是啊，缺乏安慰，所以在外面很怕失去朋友，自然人緣就好了。其實我覺得，我們的家庭或婚姻生活，別人表面上見到的都比實際狀況還要親。一家人在一起，卻有很多禁忌不能碰。」

靜坐一旁的阿陌，輕輕地點點頭說：「今年過年時，我們家族辦了個集體出遊的活動，兄弟姊妹全都到齊了。大家聚在一起玩樂吃喝，不過就是有很多關鍵點不能碰。比方說，他們會避談我的婚姻問題，這正是疏離所在，象徵彼此的親密能力還不到那個程度。我常在想，親密的能力到底是怎麼培養的呢？」

阿陌說，她覺得自己像座孤島，常常想，在這個世界上她到底和誰最親？環顧四周，不知道人到底要有多大的親密能力才能讓彼此再靠近一點？「有時候在路上看到五、六十歲的老夫妻，還手牽著手散步，眞是羨慕，這種親密能力是怎麼學來的，起碼我自己一直沒機會學到。」

阿陌聳聳肩苦笑，有些莫可奈何。「就像我們家族的成員全體到齊，熱鬧地唱歌相聚，卻沒辦法安靜地坐下來談彼此最重要的問題。我想，同一個家庭出來的兄弟姊妹，爲什麼會覺得疏離呢？是因爲親密的能力沒有培養出來，還是說人眞的要有個保護層以免自己受傷害？不過有些家庭成員彼此是很親密的。」

為了表示親密，我會去握我爸的手。剛開始很尷尬，有時還會撞在一起呢。

曾經對阿陌受的傷表示同情和理解的唐果，轉過頭去深深地看著她說：「小時候我跟爸爸比較疏遠，因爲他都在外面工作很少在家。記憶裡，很少跟他有身體上的接觸。上了研究所後，也談了幾場戀愛，我想通了一些事，後來爲了表示親密，我開始會去握他的手、搭他的背或是抱抱他。剛開始很尷尬，不習慣嘛！動作都很奇怪，有時還會撞在一起。因爲他不知道伸出手來的力量有多大，也不知被抱的感覺，但幾次下來，彼此的默契就愈來愈好了。

「記得有一次，我爸來台北，我們住在姊姊家，同睡在一張床上，身體靠得很近，我們在黑暗中聊天。他講他的想法，我也說說我的，感覺滿好的。過了那個關卡之後，父子間的疏離感就消失了。」

唐果說著，伸出手環抱，回憶父子相擁的情景。上回談「沮喪」時，因爲父親不能認同自己的作爲和理想，讓唐果覺得很沮喪。這次他談父子和解的經過，大夥完全能融入情境，專注聆聽他誠摯而動人的分享，間或流露出讚許或者羨慕的眼神。工作坊進行至今，我發覺隨著彼此愈熟悉，大家已經能用眼神替代言語來交流情感了。

「爲什麼會有這樣的轉變呢？」心繫父母、飽受家庭問題折磨的阿妹，求助地望著唐果。

唐果表情嚴肅，認眞地回答：「其實我爸滿顧家，不過因爲他是個職業軍人，常常不在家，或許他自己也感覺到跟孩子沒那麼親近，有些話跟我媽也沒辦法講。等孩子長大以後，跟他的感覺也比較像朋友，他可能覺得有些話可以跟我說，而我也願意聽他講，所以他就開始試著跟我聊了。

「到台北唸書以後，偶爾回家，我會早點起床陪他去運動，邊散步邊講些我在台北的生活，他也會告訴我一些平常不跟別人說的話。那種默契是相互的，久了之後就覺得我們似乎可以更親。」

唐果的經驗讓阿妹很羨慕，她感慨地說：「父親要做到這一點不是很容易呢！」「是啊，這種經驗滿難得的！」「很特別的經驗。」衆人你一言我一語地加以評論。

被大家的稱讚和羨慕包圍得有些不好意思，爲了降低自己的幸福感來安慰旁人，唐果裝出不知足的戲謔表情，無厘頭地說：「對啊！不過他的肩膀好硬喔！」

大姊斜眼睨著他，粗著嗓門，開玩笑說：「你還挑啊！」

我爸叫我幫忙抓背，我都會藉口說他的頭好油好噁心，就跑掉了，不想和他親近。

「啊」、「那」素素和晴子同時開口，晴子很不平地嚷著：「換我說，換我說了。」竟然會搶著發言，還眞難得。晴子嚷嚷時，流露出么女的驕態，剛認識她時，這是很難得看到的面向，或許她已融入其中，覺得跟大夥混熟了吧！

晴子說：「小時候，我爸一直很挑剔我，覺得我這裡不好、那裡不對。有時候他會叫我姊姊或我幫他抓背，我都藉口說，他頭好油、好噁心就跑掉了，可能是不想和他親近吧。到最近都還常跟他吵架。

「可是這一、兩個月，他身體狀況突然變得很不好，先是頭痛、膝蓋痛，後來又手痛。有一天我看到他下樓梯時，手一直扶著牆壁才能慢慢下來，我心好痛、好難過。有一次他摔傷，膝蓋瘀青，要剪掉腳毛貼藥膏，我主動幫他剪，沒有像以前那樣跑掉，心裡很自然地想幫他，也察覺到自己這樣的轉變。」

浩威做結語說，原本覺得「疏離」很難談，可是聽大家談了之後，有些細緻的感覺被談出來了，他自己也想起一些東西。

這次的分享也讓我進而思索，或許適合生存的人都具備了某些變色龍的本領，擺盪在與人親密或疏離的兩個極端中間——與人親近久了，覺得需要喘息和自由的空間，就稍微拉開距離；離群索居久了，感覺孤單，就向人群靠近一點，取些溫暖和慰藉。

不知爲什麼，我常常想起阿陌的疑問，「人眞的能像座孤島嗎？」至少我，無法以孤島的姿態生活著，這算是幸福抑或是缺憾呢？

＊　＊　＊

王浩威的情緒筆記——

「疏離」是很現代的情緒，隨著社會結構演變才發生的。過去的社會可以說是以社群爲中心的「社群社會」，或者以家族爲中心的「家族社會」，人永遠生活在群體當中，很少離群索居，甚至連移居的情形也很罕見。「旅行」對十九世紀的東方人來說，是非常不可思議的事，像徐霞客那樣四處遊山玩水的，其實是當時的異端，極少見的舉止。

不過，隨著現代社會的變遷，大家族的結合模式已經不太適合高度發展之資本主義社會的運作，家庭結構很自然地從大家族轉為核心家庭，甚至連核心家庭也無法承擔起成員共同性的維持，無法提供「我類」這感覺應有的支持，所以逼得每個人都要開始去尋找自我了。哲學家們從齊克果到後來的存在主義，都是在討論朝向高度發展之資本主義的運作下，城市興起、社群生活瓦解後，人的處境。

現代人多是在小家庭中成長。我們小時候，小家庭還可以提供某些「共同性」；可是隨著成長，共同性一旦瓦解，就會出現「自我認同」的問題。過去的社會，孩子為了追求自我而叛逆，向來被認為是大逆不道的；然而在當代，除非是生長在超級大富人家裡的小孩，否則追求自我認同反而是現代社會中個人成長過程的必經之路。因為唯有經歷這樣的過程，我們才能擁有在這高度發展的資本主義社會中，基本的生存能力。

然而，當我們脫離群體時，失去了共同性，會覺得自己與全世界的人都不同。人其實也很矛盾。害怕與人太親密會把自我吞噬掉，可是等到沒有人要侵犯你的自我，不再愛你恨你要求你，讓你完全自由地去發展時，那種孤獨的感覺卻會迫使我們忍不住要去找「我類」，找相近的朋友。在這樣的欲求下，如果在還沒找到「我類」之前，我們都會懷疑自己是不對的、是異類。因爲脫離原來的共同性去發展自我，是以前從來不曾經驗過的，所以我們沒有信心，會懷疑自己。

通常我們只看到別人的浮泛表面，會認爲別人似乎都很好；看自己卻是看得很深入，就覺得自己很奇怪或者很差勁。所以在沒找到「我類」，還沒建立自信以前，「疏離」就會發生。疏離感在成長過程會出現，也可能發生在突然被拋到陌生的環境時，比方說，到身邊都是白人的國家留學，就會覺得自己與周遭格格不入。

情緒出路

有時爲了建立與他人的關係，我們會企圖改變或扭曲自己的想法，試著把自我變小來適應社會。比方說，回想大學時代，我們常是意氣風發，蓬勃地發展自我，通常那時候與社會是最疏離的，等到畢業後踏入社會工作，再度社會化以後，整個自我意識受到挑戰，疏離感常會隨著社會化消失，因此想要堅持自我性格，不受到扭曲改變，在這個階段才是眞正的挑戰，要做到其實是很難的。

眞的不想改變自我時，得先要學習自在，找尋自我的桃花源。這樣的說法乍聽有點玄，其實只不過是要學會不再擔心自己是否有問題，也別再以別人的價値觀爲依歸，不要因爲他人的眼光而憂心忡忡，要學著以自己的態度爲準則，努力建構出自我的價値體系，這樣才能讓自己更自在也更自信。或者也可以尋找自己可以皈依的哲學或信仰，從其中找到行動的依據或生命的歸屬惑。

再來是想辦法自給自足，降低自己的欲望，降低必須依賴別人才能生存的程度，提高自己獨立生活的能力，比方說像住在花蓮鹽寮的區紀復先生那樣，以簡樸淸貧爲依歸的生活哲學。在我們追求自我而與社會疏離的過程，必須絲毫不勉強，才可能持久。

延伸閱讀

1. 《在幻想鎖鏈的彼岸：我所理解的馬克斯和佛洛伊德》　佛洛姆著　結構群
2. 《阿拉斯加之死》　強・克拉庫爾著　天下文化
3. 《世界末日與冷酷異境》　村上春樹著　時報文化

第八課

絕望。尋找遺忘的生命傷痕

對某些人來說，感情就是全部的生命世界，

一旦失落了，人也崩潰了，不再有期待。

絕望到極點，也許成為行屍走肉，也許是更強烈的恨。

「我猜今天應該談『絕望』。」素素微側的臉靠著掌心，手肘撐在茶几上篤定地說。「我也是這麼猜！」一襲淡綠色套裝的小倩，靠在小茶几邊緣喝茶搭腔。「『絕望』可以講些什麼啊？」素素邊想邊說。「講口蹄疫好了，對豬很絕望。」時間一到，就會自動從外頭晃進來的阿動，嘻皮笑臉地加入話題。「你是說，豬很絕望，還是你很絕望？」素素索性也跟著玩笑。阿動笑說：「都可以啊，對豬肉絕望，養豬戶也絕望，對現在的社會治安也絕望。」

「你們已經開始談啦！」浩威還是一貫的彌勒佛式笑容，嘻嘻哈哈地走進來。「沒有啊，當然是等老師來囉！今天是談『絕望』吧！」大姊扯開嗓門招呼浩威。「是啊，已經開始談，不錯啊，還少誰呢？」浩威環顧一下。

少個阿正，現在應該正在路上狂奔吧！浩威進來，確定今天的主題是「絕望」後，原本嬉鬧式的漫談嘎然而止，現場陷入一片靜默。

奮鬥很久的理想，突然傾圮瓦解、困惑動搖，然後幻滅的感覺於是出現。

看大家不說話，浩威先說：「絕望的感覺我還滿常體會的。印象比較深的是大學時代參與社運的後期。剛開始接觸社會運動，懷抱很高的理想色彩，認爲藉由社運才能改變社會，所以很積極地投入，當時似乎是從文藝青年變成社運青年。

「不過投入之後，發覺很多事都讓我沮喪，沒有想像中美好，因爲在裡面看到人與人之間，彼此的不信任甚至是權力鬥爭。其中我認識一個在思想上帶領我們的人，開口閉口都講馬克思、講階級問題。當時社會科學的討論並不蓬勃，所以覺得這個人很了不起，心裡很崇拜他。可是有一次遇到很緊急的事，大家急著找他卻找不到，後來才知道當時他正在旅社嫖妓。

「當時那衝擊對我來說眞是太大了。怎麼也無法想像，大家忙著打仗時，他居然跑去嫖妓！奮鬥很久的理想寄託，瞬間整個倒下來，自己投入這麼久的事業，突然不知道爲了什麼，困惑動搖然後幻滅的痛苦愈來愈清晰。有一陣子，跟社運圈的朋友幾乎都不往來了。

「當然，會這麼痛苦，其實也因爲生活中其他的關係不順利，一連串的失落交纏在一起，才會讓自己那麼絕望。後來有人再找我去示威，去幫某個刊物寫稿，我都會想，那有什麼用？充滿懷疑困惑的感覺。」

大姊搭腔說：「是不是像宋七力的信徒，有幻滅的感覺？」

浩威點點頭說：「宋七力的信徒如果相信輿論，那麼他可能就要面對絕望；或者他不願面對絕望，可以選擇繼續相信下去。事實上，理想的期待在我們的生活中是一種常態，對父母、對配偶、或者是對自己的兄弟姊妹，都會有這種理想的期待。這期待算是常態吧！」

或許，徹底絕望也就遺忘了。

「是常態啊？我想起自己寫過的一句名言。喔，當時怎麼寫的我想一下。」阿勳絞盡腦汁苦思，接著說：「我寫喔，『我從不希望，沒有希望的人才需要希望；我從不失望，沒有希望的人才會失望。』呵呵，好像很長。」

「你在繞口令啊！」素素笑他。面對大家充滿質疑的笑聲，阿勳無所謂地說：「所以才叫『名言』啊！」

「你剛講到那句名言時，我突然想到，你真的一生都這樣子嗎？以前我們講小時候的事，講到給我們最多支持或最多挫折沮喪的，都是最親密的人，比方像父母、朋友或者老師，這些都沒聽你提過。難道你真的從小就這麼有涵養了？」浩威想追溯養成今日如老僧入定般、如此有修爲的阿勳，究竟經過哪些歷練呢？

阿勳還是維持一副波瀾不驚的氣定神閒：「不是。我只是認爲對事情不必期望過高，包括……」

「我的意思是，」浩威打斷他，不讓他有機會遁逃：「你似乎有個不一樣的成長過程，才會天生如此。不能說是轉變，因爲你根本沒有那種——熱烈期待過，嗯，熱情吧。唉，我倒滿好奇的，你怎麼會愛上你太太，可以問嗎？」

「愛上我太太啊？」阿勳一頭霧水，摸不清浩威的用意。

「是啊，假設婚姻必然包含了愛情，而有愛情自然會有期待，那就違背你剛才的名言了。」浩威說。

「哦，這問題是可以談啦！」阿勳還是無所謂的樣子，「當初我跟我太太交往時，就是一般朋友嘛，我也不特別喜歡她，反而是她一直追我追到底，那我就，呵呵呵。」看阿勳說得如此半推半就，大家都笑翻了。我威脅阿勳：「說實話啊，這段我保證一定要寫的，萬一讓你太太看到，我是不負責的哦！」他聳聳肩，還是不在意：「就是這樣子啊！到後來更嚴重的是，她賴在我家不走，一直催我結婚。唉，傷腦筋！結就結啊，就這樣。」唉啊，全無激情場面或者浩威說的——熱切期待。

「那是不是也是一種絕望呢？走久了就要給人家交代。」大姊祭出激將法。

阿勳不置可否地說：「就是這樣子啊！」浩威看看阿勳的反應說：「似乎不方便再談這件事了。」「眞的是太絕望了啦！」晴子興味索然地嚷著，又把大家逗笑了。笑聲過後沉默下來，浩威又感嘆：「眞的是不太好談，因爲徹底絕望也就遺忘了。」

從小到大，不曾想過要自殺的人應該很少吧？

「唉——」一聲嘆息幽幽地從昏暗的角落吐出，是阿陌。她以低沉緩慢的語氣說：「這是我小小的絕望啦！最近碰到幾個朋友，都是半年以上沒見的。他們一看到我，就問我是不是生病了。我一向很注重身體，有一點小病痛就會去做檢查，可是倒沒做過全身檢查。有一次我在報紙上看到有地方免費幫人做身體檢查，想到朋友都覺得我生病了，所以我就過去檢查。檢查過後，他們說，我的肝即將產生病變，可能會有腫瘤。我聽了有些焦慮，以前也有中醫說我肝不好。這次的檢查結果對我造成很大的影響，感覺像是言之鑿鑿地被宣判了什麼。

「當時我眞的受到很大的驚嚇，覺得還有很多事情沒處理，可是又快沒時間了。於是我先去買個保險，再跟我先生交代一些事，再來就是安排去醫院檢查。這段時間人家看到我還是說我臉色不好。我想，人生眞的是……無法預料吧！」

聽阿陌獨立從容地處理事情，可是眞要形容自己的恐懼驚惶，卻是欲言又止。

回憶阿陌前幾回的種種分享，想起她形容自己如孤島的處境，串連起她的生命故事，只能感嘆，此刻說什麼似乎都多餘。即使有人想出言安慰，也是詞窮，頓時陷入一片沉默。

說起絕望，或許太難以面對。我看看大家，各自低著頭，是在翻找深藏於記憶最底層的經驗嗎？

「從小到大，不曾想過要自殺的人應該很少吧？」爲了勾引出話題，浩威下了劑猛藥。

如果一個人對人生絕望，可能會選擇自殺；如果是對另一個人絕望，那應該怎麼辦？

小倩想一想說：「如果一個人對人生絕望，可能會選擇自殺；如果對環境絕望，可能會選擇逃避；如果是對另一個人絕望，那應該怎麼辦？」

她閃動著明亮的眸子，爲後續的故事先下個標題，接著說：「我看到的例子是我外公外婆。外婆是很堅強的農家婦女，嫁給外公算是再婚。外公是個性很自由的人，平時做水泥工，下班後就到茶店去耗著，耗到想睡覺時才回家，連晚飯都不回家吃，當然也不拿錢回家。

「外婆很辛苦，早上四、五點就得出門，一天做好幾人份的工作。她想買房子，可是外公都不幫忙。他們雖然同住一個屋簷下，卻長期冷戰，怨氣自然是日積月累下來。後來外婆買了新房子後，就把舊房子讓給外公住，卻要跟他收房租。

「外公得了癌症過世時，外婆的怨氣還是絲毫不減。儘管旁人都勸她：『人都走了，別再計較。』可是她的恨意依舊。外婆很樂觀，是別人都會覺得很可親的歐巴桑，可是她對外公的冷酷，讓我無法想像。長大後我才知道，外婆會對外公那麼冷酷，是因爲外公曾經當衆表示，他根本不愛她，他嫌棄她的外表，還說，像他那樣的男人怎麼可能喜歡她！這點讓我外婆徹底絕望。」

「後來出殯時怎麼辦？」浩威問。「她根本不當自己是未亡人，完全不參與他的喪禮。很絕情就對了。」小倩說。

「是一種恨吧！」浩威說。「是啊，從外婆的反應，我才知道，原來恨一個人可以這麼恨，這麼絕情。」小倩喟嘆著。

下班後，想著回家後總有個人準備找我吵架，真是害怕又煩惱，不敢回家，但是也無處可去呀！

大姊聽了頗有同感。她說，在她的婚姻生活中，先是經歷了激烈的衝撞，再來是冷戰，最後是絕望了。「在我離婚後，很多人問我，誰先提出離婚？似乎誰先開口，就得負比較多責任。雖然我對這段婚姻早已不抱任何希望，但是先提出離婚的人是他。如果他不開口，我應該還會再拖吧。」這是大姊初次在團體中訴說她的婚姻狀況，話語間已經感覺不到愛恨糾纏或者是傷痛不捨，這些情緒或許早已過去了。

浩威猶豫了一下，溫柔地追問著：「爲什麼妳早已對婚姻不抱希望，卻不提出分手？」

大姊神情淡漠，像在表示她並無所謂，語氣仍如昔日那般爽朗：「結婚之前，我就不抱很高的期望。反正是年齡不小了嘛！周圍的人都覺得那個男的還不錯，所以就嫁了。後來我發覺，男性在婚前追求女性時，常常僞裝，所以無法察覺他的眞面目，等到眞正生活在一起時，就會發現彼此的差異實在很大。比方說，他認爲看電影、買書、買錄音帶都很浪費。不過婚前他會陪我去看電影，即使打瞌睡也要陪我，因爲他怕我找別人去看。婚後，他就反過來要求我，不准我去做這些事。

「而他也很氣我去學插花，因爲花材很貴。可是我已經學很久了，不願意放棄。於是他就常囉嗦，我也反問他：『我自己賺錢，保有自己的興趣，爲什麼不可以？如果你有意見，婚前怎麼不說？』其實，不記得是結婚的當天還是隔天，他就在生悶氣，吃完飯就出門，半夜才回來。因爲他很陰沉都不說，到現在我還不知道，自己犯了他什麼忌諱。

「又有一次，我加班到很晚才回到家。看他躺在床上，他說他很餓了。我趕快去煮飯，煮的當然都是老爺他喜歡吃的，然後趕緊請他起來吃飯。那是十二月天，我自己也還沒吃，結果他竟然不起來。我雖然生氣，還是耐著性子說：『你不要這樣找我麻煩，我也很餓很累，現在十二月天，你不吃等一下冷了，還要重新熱過，拜託我眞的很累了。』他才不情願地起來吃。反正點點滴滴累積下來，到最後我眞的是絕望了。」

大姊不說則已，一說起來前塵往事湧上心頭，聽來讓人頗覺氣餒。阿勳試探地問：「妳有沒有試著改變態度，比方說買些禮物送他？」

「當然試過啦！可是都沒有用。」大姊無奈地說，在煎熬痛苦的過程裡，她讀了所有跟溝通有關的書試圖和解，可是徒勞無功。「記得當時，只要一到下班時間，我就很苦惱，不知道該往哪裡去。站在路邊等公車，想著回去之後，有個人虎視眈眈準備找我吵架，眞是提心吊膽，可是不敢回家也無處可去呀，想起來眞的很苦。離這個婚我是滿安心的，因爲我眞的是努力過了。」

似乎等到人死了，感情不能再變了，才會有永恆。

聽了大姊的故事，素素喃喃低語著：「我早就對愛情不抱希望，對婚姻也沒有什麼幻想，可是聽妳說的時候，還是感覺很灰心很絕望。唉，或許一個人生活也不錯。不知道從什麼時候開始，我對『永恆』這兩個字已經絕望了。似乎要等到人死了，感情不能再變了，才會有永恆吧。我覺得唯一不變的就是『變』，愛情友情親情都一樣，大概是失望太多次了吧！

「記得我第一次來參加團體時，就說過：『凡事不抱希望就會有驚奇！』我意識到自己常抱著過高的期望，結果失望都很大。所以我告訴自己，盡量不要抱著希望，以免常常受傷。眞的，我覺得一個人生活不錯呢！」素素反覆的喃喃自語，聽起來倒像在自我說服。受傷太多次，人也學會了如何保護自己，但是自此不敢再期待，眞的是件好事嗎？會不會也失落了什麼？

「凡事不抱希望，就會有驚奇。」這也是團體中的名言之一。素素和阿勳是工作坊裡創造名言的高手。素素的恐懼，早在衆人預料當中，大家看她失望的表情，不覺會心一笑。大姊急忙強調：「雖然離婚了，可是我不會對人或者婚姻絕望。如果哪一天眞的絕望了，眞的是痛不欲生，我也不要活了。」

浩威接口說：「我倒不覺得要痛不欲生。每個人的個性或者生活方式的某部分，或許會嘗試慢慢地去適應這些轉變，好讓自己活下來。我剛才想到最近的絕望經驗是要離開上一個服務的醫院時。剛去那個醫院時懷抱著滿大的理想，後來逐漸無法認同。理智上告訴自己這裡並非久留之地，不過還是會覺得投入很多了，同事之間也不錯，只是管理階層的問題。當時淸楚地告訴自己得離開了，可是情感上還是無法適應。比方說那段時間胖得最快，吃過飯就跑去睡，酒也喝得最多。有人的沮喪是開始睡不著，我的沮喪是開始睡覺和變胖。」

晴子笑說：「停止活動？」

「是暫時死掉。」浩威更正。

相親當天，我獨自上貓空，當時茶店裡播放的是「天頂的月娘」，不知怎麼眼淚就流下來了。

「嗯，我也要講。」活潑的晴子又主動爭取自己的發言權了。她表情生動地說：「還在唸書時，曾經有幾個男孩子追，後來就完全沒有了。剛出來工作時，人家覺得我還年輕，身旁的人不會著急，頂多是我自己好奇，會去參加很多的相親活動。

「但年紀慢慢大了，周圍的人愈來愈急，相親頻率也愈來愈高。可是很多人都是見一面後就不會再有下次了。爲什麼會這樣？我想，或許是相親的男人都比較喜歡乖巧的女孩，但我並不是這類型的人。在辦公室裡，我很少說話，同事都覺得我很文靜，然後跟對方說要幫忙介紹一個乖女孩。第一印象就錯了，見了面當然會失望。有的男生一見面還很不禮貌地問我：『妳很急著結婚嗎？』我聽了很生氣地回說：『你看我像是很急的樣子嗎？』

「讓我最難堪的一次是，我和對方約四點半在餐廳見面。見面後一坐下來，服務小姐過來問要不要點餐。對方馬上說不用了，頓時我知道他對我根本沒興趣，可是拒絕的方式太直接了，讓我覺得很受傷。」

平常很開朗的晴子，面露憂愁地說：「本來我不會排斥相親，可是好像不太容易成功，什麼時候才能碰到喜愛的人，感覺遙遙無期啊！前幾次不成，或許還能認為是對方的問題，到後來就無法那麼健康了。有些心事想找人分享，可是同學們一個個都結婚了，不是很方便。只能一個人傷感，眞的有些絕望。

「有一天，本來也約好時間要相親的，對方前一天打電話來確定時間，我告訴他：『希望不要帶父母出席，免得當場看不對眼還要在那裡苦撐。』對方聽了停頓一下，請示父母的意思後，回答說再聯絡，也就沒有下落了。到了相親當天，我獨自騎車上山，記得當時茶店裡播放著許景淳唱的『天頂的月娘』，聽著聽著……，不知怎麼眼淚就流了下來。」

平常很有精神，講起話來聲音總會高個幾度的晴子，這麼有氣無力地說話，還眞稀罕。雖然她敍述的相親情節，有些好笑，可是大家都忍住了。好心的阿陌趕緊安慰她：「我弟常被我爸媽強迫去相親，他總是硬著頭皮去敷衍一下，或許妳碰到的人剛好是這樣的。」晴子搖搖頭，緊咬著下唇，細心的阿陌沒有忽略她細微的情感變化，輕輕地遞過面紙給她。經常被人拒絕，對自信心是很大的打擊，晴子願意坦率分享，眞是難為她了。

我最恐懼的是父母對待我們的方式，影響到我對下一代的態度，我害怕自己跟他們一樣。

講起家裡的事就傷心難過的阿妹，今天看來好一些了。不知上次團體中大家給的建議是否起了療效？浩威看她時，她也回看浩威，她知道那個注視的意思。她轉過頭去看素素，意味深長地，像是醞釀很久了說：「我希望妳不要因爲聽到我父母的婚姻或者是大姊、阿陌的婚姻狀況就很絕望。我對婚姻還是抱著希望，我想大姊和阿陌也是。我是對父母絕望。我最恐懼的是父母對待我們的方式，影響到我對下一代的態度。我眞的很怕自己變得跟他們一樣。

「就拿相親這件事來說。我媽覺得只要對方有錢就好，一點都不想瞭解我到底喜歡怎樣的人。反正長輩介紹我就去了，虛應一場，最初還是會有期待，可是一、二十次下來，也逐漸麻痺了。最近一次相親，我見到對方之後，就跟我媽說我身體不舒服，下午不能跟那個男生去喝咖啡。我媽不管我的感覺，還是拚命拉攏我們，她覺得對方有錢就好了。我就氣得吼我媽說：『爲什麼妳都不想瞭解我的想法，我眞的好傷心！』」阿妹說完，無奈地嘆口氣，只是這次，沒有眼淚了。

「是不是就像上次的名言一樣，就算我等於我媽，我找的男朋友也不會等於我爸！所以我們之間的相處模式也不會跟爸爸媽媽一樣。是不是這樣？」晴子露出笑容說，像是終於演繹出一個極爲艱難的公式那般得意。阿妹被她逗得開心地笑了，兩人像在互相打氣。

遺忘或許因為年紀小，或許是因為轉變太大，為了避免痛苦，索性遺忘。

「我也想到自己的經驗。」阿正搔搔頭抓抓臉，小動作很多：「我書唸得不是很順利，大學唸了六年半。最後一次被學校踢出來是寒假，如果不想辦法拖到暑假參加插班考，馬上就要被調去當兵了，於是只好想盡各種名目來拖延。或許是想逃避吧，那個寒假我沒有回家，不敢看到媽媽。每天只是蒙著頭唸書，事實上我沒有任何把握，反正也無退路了。壓力實在很大，萬一沒考上去當兵，女朋友也許會跑掉，想到後果不堪設想，就覺得滿絕望的。」

「我在想，你好像很少談你爸爸？」浩威輕輕地探問。

阿正自在地回答：「我在五歲以前，沒有跟父親相處的經驗，因爲我生下來沒多久他就出國了。長大後還一直想不透，爲什麼好好一個人出去唸書後回來會變這個樣子？美國的工科碩士又不是很難拿。直到去年，我伯父不小心說溜嘴，他說我爸是自費出去唸書的，當時要交保證金，我爺爺騙他說這筆錢是借來的，其實根本就是我爺爺自己的錢。後來我爸到美國之後，爺爺就一直催他寄錢回來，因爲老一輩的人總把美國想成是淘金窩。後來據他同學說，我爸大概是壓力太大，精神上變得很奇怪，書沒唸完就被送回來了。

「回來之後，他的病情時好時壞。長大後，會想坐下來跟他聊一聊。可是他滿聰明的，碰到一些事就閃掉。他講的話，並不是按照一般人瞭解的順序去表達，得再重新組織。他生病的時間有二十五年了，如果他現在突然好起來，對周圍的人來說也許是好事，可是對他而言就很殘酷。我對我爸的康復，不能說是絕望，應該是說不抱希望。」

「即使在你五歲時，你爸爸因爲生病被送回來。可是在那之前，難道不會對爸爸有特別的期望嗎？因爲那個時代留學算是滿偉大的事。」浩威再追問。

「那些記憶好像都不見了。對當時僅存的印象，就是一些照片，照片留下來的也很少。」阿正露出苦惱的表情。浩威說：「會遺忘或許因爲年紀小，也或許是因爲轉變太大，爲了避免痛苦，索性把它忘記。就像我先前提過，我爸出車禍之後，我對他有段時間的記憶幾乎都洗掉了。」

我習慣逃避，因為我怕受傷。可是這樣下去，人活著還有什麼意思？

浩威看著擠在阿妹身邊的吉吉，吉吉笑著搖搖頭，浩威低聲說，沒關係。浩威這個點名動作，對照他逼阿動的毫不留情，顯得很輕柔，所以吉吉輕易地就躲過了。吉吉不說，素素講了：「前一陣子，我眞的對婚姻感情這些事，完全沮喪絕望了，我把這種心情告訴我的朋友，他們都罵我幹嘛來參加工作坊，聽多了婚姻危機，把自己嚇壞了。可是如果我不想這些，很多事情還是會發生，只是我不知道或者刻意忘記了，只不過現在又被刺激到了。

「聽到阿陌和大姊說，她們都不沮喪，還是抱著希望時，我看到自己碰到事情都是選擇逃避。就算事情還沒發生，我也會因爲害怕失望、受傷，而凡事都不敢碰。可是這樣下去，我也想過人活著還有什麼意思呢？聽大家都說不失望、不絕望，我也慢慢想，或許可以試著勇敢去面對，不再那麼畏畏縮縮。」

素素的結語像在告訴大家，雖然受過驚嚇，可是幾經思考的她，以後會愈挫愈勇，這也算給先前安慰她的人正向的回饋吧。團體結束後，大姊和阿陌靠近素素身邊，跟她交頭接耳地。而吉吉和阿妹還停留在原位按兵不動，翹首聆聽著她們的談話。前輩們都在鼓勵後進，不要對愛情失望，也不要對婚姻絕望。畢竟，擁有美好的情感生活，還是値得期待和追求的。

今天聽大家講「絕望」，有不同的體會。從小被灌輸「人定勝天」的我，以爲只要努力，凡事都可以憑著意志力改變。可是遭遇的事情多了，才會發覺人的存在是如此卑微，人的力量是如此渺小。如果凡事都被歸咎於命運，那麼，我們能如何更自在地面對上天的安排，不管這些遭遇是自己喜歡或者不喜歡的呢？

＊　＊　＊

王浩威的情緒筆記——

在「沮喪」那部分我們曾談到自殺的問題。其實，各種情緒之間很難仔細區別清楚，很多情緒彼此之間是有重疊的，沮喪和絕望這兩種情緒就很有關係。我們可以想像，一個人的心情可能是從希望開始，經歷了一些事以後，開始失望，甚至更進一步地覺得沮喪，再面臨絕望的過程。從這一點來看，絕望是比沮喪更深層的感覺。

這種深層並非是層次上的比較，不是說絕望是一種比沮喪更強的情緒或症狀，而是這些情緒所伴隨的失落感的差異。沮喪通常是失落了原先擁有的關係或者事物；絕望是個人存在意義的完全失落，包括生命的意義等等，連人世間最平凡的光或者是最永恆的東西都不見了。沮喪的感覺是因爲失落了生命中某個重要的關係，但是其他的關係卻還連繫著；然而絕望強調的是更深層、更全面性的失落，所有關係的意義全都消失了。

沮喪時雖然處於低潮，但是還可以感覺周邊世界的存在，即使這世界是拋棄我的，但也是一種存在，就算某個關係不在了，世界仍有我們在乎的其他關係；而絕望是連世界的存在都否定了。當我們說某個人絕望時，指的是他跟這世界的所有關係完全切斷，外在世界存在與否完全與他的自我意識無關，甚至我們可以說他彷如行屍走肉。在武俠小說裡，可以找到一種絕望的典型是「滅絕師太」。當然，她是不完全符合的，在小說裡的描述，也許當年的打擊發生時，果眞是絕望了，但這階段一旦過去，持續的百分之百的「滅絕」是不可能的，因爲她的愛情欲望雖然不在了，但是權力的欲望卻還在。

所以，在通俗文化裡，我們常看到的故事典型是：在一個人的生命世界裡，對他而言，最重要的是對某些人的感情，這感情就是他的全部世界。可是當這感情消失時，整個世界也跟著崩潰了，他已不再有期待。絕望到極點時，也許成爲行屍走肉，也許是更強烈的恨。不過對一般人來說，造成絕望的事件似乎更寬廣，最常見的恐怕是原來的信仰或價值觀幻滅了。比方說以前曾百分之百投入的政治理念或是社會正義，或是父母所代表的道德世界，到後來卻發覺根本是虛幻的，甚至是被欺騙的，這時候絕望就強烈地出現了。

不過，絕望也是另一個階段成長的先兆，代表舊的階段結束，不得不進入一個雖然還不可知的新階段。當我們面臨自己的存在危機時，舊的世界消失，新的世界還沒找到，以往生活或思考所理解的世界完全都不成立了，不過也唯有這樣才能讓我們有可能去尋找新世界。

情緒出路

在我們成長過程中，有時候會想問「人爲什麼要活著？」這樣的問號在不同的階段或多或少會出現。或許有人一輩子從來都不會問過這個問題，這種人經常是抱持著傳統的價值觀，而有的人一輩子卻要問好多次，在面臨生涯危機的時候。一個人到底要問多少次才是健康的，其實並沒有一定。回過來問，「人是不是一定要自己成長？」這問題也沒有絕對的答案。可是絕望一旦發生了，這危機代表的是——昔日的世界不可能讓自己眞誠信服了，也代表著終於把一段路走完了。

剎那間，舊有的路不見了會讓你恐懼，看不到新的未來會讓你困惑，可是這也意味著在或長或短的時間以後，「柳暗花明又一村」可能要出現了。或許，柳暗花明也不足以形容這樣的過程，因爲我們看到的可能不是「又一村」，不一定是類似原來的「村」的面貌，也許是整個結構完全不同的空間，完全無法預先想像的新世界，而非只從一個村換另一個村的轉變而已。用凡俗的話來講，也可以說：「危機就是轉機」，往往在危機時才可能轉化或者說是轉換生成（transformation），新的世界於是形成。

延伸閱讀

1. 《蒙馬特遺書》 邱妙津著 聯合文學
2. 《擁抱憂傷》 史蒂芬・拉維著 立緒文化
3. 《潛水鐘與蝴蝶》 Jean-Dominique Bauby 著 大塊文化

第九課

罪疚。走過黑暗的幽谷

把自己變成受害者，讓對方不能離開，
經常是非語言的，只需要在神色間流露出來，就可以達成目的。
可是，不斷被激發出罪惡感的對方，到最後總會因疲憊而遠離。

三月中旬，工作坊第八次進行。人家說，春天後母面。這時節，天氣多變。時晴時雨，時暖時涼，窩居在地下室的我，經常從外頭進來的人的穿著打扮，判斷外頭的天氣變化。阿陌穿著輕便的休閒服來了，開朗地跟大家打招呼，神情像是看到老朋友般的輕鬆。一會兒，浩威也來了，逡巡四周，發現有人還沒到，就不急著開始，隨意坐下來跟大家聊天。看到浩威來了，阿勳也踅了進來，親切地叫了聲「威哥」，然後在他身旁坐下。滿有意思的，大家都想辦法盡量不坐在「王醫師」身旁，唯獨阿勳卻情有獨鍾。即使浩威常「拷問」他，他也毫不懼怕。

浩威說準備開始了。阿正又在關鍵時刻衝了進來，嘴上啣著漢堡，急急忙忙在門邊蹲坐下來。看他散亂的頭髮和倉促的神態，猜想他大概是飆車趕來的。他總在最後一秒現身的匆忙，和阿勳慢條斯理的閒散從容，形成了有趣的對比。這是年齡所造成的差距嗎？

浩威開場說：「我們今天要講的是『罪惡感』。」賓果！素素誇張地眨眨眼，露出得意的笑容，像在炫耀「看吧！我猜對了。」

「罪惡感在中國文化裡比較少被討論，可是在西方文化中，罪惡感（guilty）是很普遍的，因爲西方文化比較常談原罪（sin）。有篇論文指出，華人罹患憂鬱症所表現出來的症狀裡，很少是因爲罪惡感而起，而西方人的憂鬱症卻常會有對不起上帝，對不起某人之類的觀念。或許罪惡感未必都跟宗教有關，但這是他們根深柢固的觀念。」浩威說罷，停頓半晌。

回應他的是一片寂寥。他苦笑著激勵大家：「沒關係，慢慢來，我們的團體逐漸進行到比較高難度的階段。像上次我們講『疏離』，雖然難談，可是還是談出很多細膩的情緒。」

父母常利用罪惡感來處罰我。所以罪惡感雖然是自然而生的情緒，不過也可以算是一種情感控制。

「我先說好了，免得又被點名。」短暫沉默後，吉吉突然開口，眞是意外。「我每次參加工作坊回去以後就會想，爲什麼我總覺得對不起爸爸。好像一直有個聲音對我說：『妳怎麼可以這樣背叛？』眞的，我有很深的罪惡感。爸爸對我很好，可是我卻那麼不孝。哎啊，在外人看來他是很好的爸爸，可是家家有本難唸的經，是我要求太高了，太會鑽牛角尖了嗎？每次工作坊結束之後，我會自責怎麼可以這樣說爸爸……

「有一次，我跟同學出去玩到晚上十二點才回家。回到家裡，我爸跟我說，他很焦急，差一點要去報警。我聽了很生氣。以前在學校唸書時，經常跟同學玩到很晚才回家，又沒什麼大不了。我爸一直嘮叨，說他到處去查我同學的住址和電話。我聽了以後就很激烈地和他爭辯，我氣他不信任我。眞的，別人總是覺得我有那麼好的父母，可是我卻不懂得珍惜，我也常常覺得對不起我爸爸。」

吉吉又說起爸爸。不論討論什麼主題，她的內容永遠圍繞著父母。可是爸爸的形象隨著工作坊進行了幾次，逐漸出現矛盾了。一開始是無微不至地寵愛她，讓她像個小天使，現在則是讓她生氣抗議的對象。爲什麼會有這樣的轉變？

浩威說：「聽妳講時，我就想起那當下的不舒服自己也曾經歷過。在成長過程中，我爸媽常會利用罪惡感來處罰我，要我乖。父母親責罵的都是，『你就是要氣死我，你就是要折磨我。』比方說，成績不好是我的事，可是被他們一罵，就像是我害他們丟臉。所以我想，罪惡感雖然是自然而生的情緒，但也算是一種情感控制。」

「對啊！」吉吉噘著嘴抱怨說：「有時候我也會像你曾經說的，想自殺啊！可是我第一個想到的是，如果我這麼做，爸媽會很難過，而且很丟臉。所以我想，等他們死了之後，如果我也想走，就能夠安心快樂地走。我很羨慕我小弟，可以自由自在的，都不在乎我父母的想法。我也很想這樣做，可是卻有另一個聲音告訴我，絕對不可以背叛父母。我常常覺得很痛苦。」

媽要跟我講話，我藉口說來不及就跑掉了，可是在車上我居然很專心地聽別人的媽媽講話，想到就很有罪惡感。

把抱枕擁在懷裡的晴子點點頭，很有感觸地說：「我在學校很得意，跟同學都能快樂地打成一片，回到家裡卻變成另一個人似的。長大之後，我也曾反問自己怎麼會這麼極端？其實應該是很親的家人，為什麼自己都不曾付出，對他們那麼冷淡。而在學校時就跟同學很要好，他們很讚美我、鼓勵我，我也很在乎他們；可是在家裡，我不喜歡跟家人在一起，想起來就覺得有些罪惡感，於是我試著去協調在家裡和在外面的熱度，讓兩者平均一些。」我記得晴子曾說過，她幼時總被忽視不太受寵，所以很早就賭氣要自己像顆石頭，不理睬家裡的人。

「雖然我努力讓自己慢慢平衡過來了，可是一不小心，小毛病還是會跑出來。比方說，我媽偶爾會很熱情地要跟我講話，我就沒辦法放下報紙好好聽她說。她跟我講話的時候，我還會邊聽邊想等一下要做些什麼，總之就不會很專心。有時候，她還沒講完，我就一溜煙地跑掉了。

「有一次我搭火車時，旁邊剛好坐個年紀比我媽還大一點的老太太。那位老太太一上車就跟我講話。後來我發現，我竟然很專心地聽。想想早上從家裡出來時，我媽找我講話，我藉口說來不及就跑掉了。現在我居然這麼專心地在聽別人家的媽媽講話，想到這裡我就很有罪惡感。」

晴子說完又習慣性地吐吐舌頭。看她這麼苦惱地懺悔，習於安慰別人的小倩，幽默地化解她的罪惡感：「不要緊，或許妳媽媽在車上也會遇到另一個不喜歡聽自己媽媽講話、卻喜歡跟別人的媽媽聊天的孩子。」小倩一說完，就逗笑了大家。

後來我知道他父親過世後，耿耿於懷，後悔自己怎麼能夠對他那麼壞！

唐果接著說：「小學時，我有個滿要好的同學，每天都一起回家，我偶爾還會去他家玩。後來我們都喜歡上同一個女孩子，就開始爭風吃醋，每次打躲避球時都會鎖定攻擊對方。

「上了國中後，我們兩個不幸又同班。當時我當班長，每天早上都要負責做衛生檢查。那時候處罰很重，不合格的人就要被記一個警告。每個禮拜一例行衛生檢查時，我都會特別盯他，因爲他是我的情敵嘛！我心中有些很壞的念頭。」

唐果臉上又出現惡作劇式的古怪笑容：「有一次我檢查他的指甲，然後說：『你的指甲太長了。』他說：『不會啊！別人也是這樣。』我說：『好嘛，那我再看看別人的。』到後來我還是覺得有點不甘心，於是再走回他面前說：『你的指甲眞的太長了，而且還黑黑的。』他說不出話來了，於是我很理所當然地記下他的名字。

「當時也沒什麼感覺，直到我看到他的名字因爲被記警告貼在公告欄時，才覺得自己好像太過分了。後來當我知道他父親突然過世的事情，我又更難過，覺得自己犯下了無法彌補的錯誤。我對這件事耿耿於懷。長大以後開同學會碰面時，我還特別跟他說：『對不起，我以前對你不好。』可是他好像都不記得了。」

唐果滿有興致地說著，小倩露出不以爲然的表情，皺著眉頭譴責他：「對啊！你以前說過，小時候就很喜歡打小報告嘛！」唐果興奮地補充說明：「對啊！記得小學時，我前面坐一個胖胖的女生，她趁著下課時偷看我的作文簿，我突然回到座位上，她嚇了一大跳，很害怕地要求我不要告訴老師。其實發現她在看我的作文簿時，我心裡滿高興的。可是我很壞的念頭又出來了，一上課我就舉手報告老師，老師就叫她過去打手心。

「我永遠忘不了，當我舉手時，她望著我的那種很無助、很驚訝，像被出賣了的眼神；她被打完手心回來，還是一臉無辜又納悶的表情，不知道我爲什麼要告訴老師。對了，還有一次，那時我們流行玩一種針，好像是附近紡織廠丟棄的。我們把針頭磨得尖尖的，然後拿橡皮筋來射。我的目標還是這個胖胖的女生，她的肉厚厚的嘛，我一射就射到她的肉裡，她就『啊——』尖叫，我就趕快跑。」唐果想起孩童時，頑皮作弄女生的情景，不禁笑開了。

素素皺皺眉、扁扁嘴，發出嘖嘖的聲音，很不屑的樣子。我則大叫：「天啊！你有虐待狂啊！」小倩不可思議地看看他，轉過頭去和素素竊竊私語。女生們幾乎是同仇敵愾，似乎同時被勾起兒時被班上男同學惡作劇的回憶。

浩威反而笑呵呵地說：「小時候也做過很多壞事，可是我都忘記了，你居然還記得。滿有意思的！其實連接剛才講的，如果換一個角度想，似乎是父母用罪惡感來掌握子女，老闆用罪惡感來控制員工……」

每次闖禍時，我就故意裝可憐。別人會想，那麼乖的孩子，就原諒他吧！

「情人之間也是，罪惡感應該是一種感情的束縛，剛好命中對方的弱點。」阿正號稱追過「十二個星座的女孩」，情場經驗豐富，頗有所感地補充。

浩威想想後說：「自己好像也用過這一招。高三那年，在班上和同學發生爭吵，那個同學洞察力很敏銳，他突然吼說：『你就是那樣子，一副可憐兮兮的樣子。』我當場翻臉，好像整個人被掀出來剝光，感覺很氣憤。不過事後想想，他說得沒錯。每次闖禍的時候，我就裝得很可憐，別人就會想：『那麼乖的孩子，就原諒他吧！』」

「講到罪惡感，讓我想到今天早上聽說有個同事出車禍。我打電話過去慰問，她先生說肇事者已經逃掉了。我聽到以後覺得很不可思議，怎麼有人做得出這樣的事，撞了人就跑掉，難道他們心裡不會有罪惡感嗎？」素素義憤填膺地說，整張臉漲得通紅。

「對啊，那個人選擇逃跑。抉擇往往就在一瞬間，那是個臨場反應，選擇跑掉之後就不會再回來了。」唐果說。

素素很氣憤，聲調不自覺地高昂起來：「他選擇逃跑，罪惡感就跟著他了。萬一他知道被撞的人受傷很嚴重，甚至死了，那他不是一輩子要背負著這個罪嗎？」

「哦，我不覺得那是常人的反應。」浩威說。

「是啊，應該說，那種人滿不正常的。」阿正接腔。

「唉，我覺得這個時代多數人遇到事情喜歡找個替罪羔羊，然後說自己是受害者，不負一點責任。所以我比較傾向自我負責。老公是我自己挑的，我自己負責；工作是我自己找的，我也自己負責，不必去找別人負責或者挑起誰的罪惡感。當然別人也不要把罪惡感加在我身上，各人做的事各人負責。

「像我爸爸一抱怨，全家就不得安寧，所有的人都得讓他隨心所欲，好像做子女的不幫他很不應該。後來我想通了，這不完全是我的責任，我要學習適可而止。不管誰都不應該利用罪惡感來多做要求。當然，我有時候也會覺得自己做人太有原則了，不夠圓滑，因此自絕於很多東西之外。」說到這裡，阿陌不依賴任何人的孤島本色又顯露出來了，「爲了讓生活可以繼續下去，我會合理化我的罪惡感。反正人都是會犯錯的，不要回頭看，往前走就是了。」

那眼神像在說：「這個男人真好色！」我真的好色嗎？愧疚的感覺突然出現。

「我覺得罪惡感是自己在某種情形下，照見了自己的醜惡或心虛。」涵養高深的阿勳這麼定義罪惡感。怎樣的經驗才會引發他的罪惡感哩？浩威轉頭過去表示好奇。

「嘿嘿……」，他乾笑兩聲說：「有一次我在路上碰到一對噴火女郎，我也不知道是不是人妖。反正就是有很長的頭髮，身材凹凸有致，而且兩個人都穿紅色低胸和迷你裙。當時她們兩個正要共騎一輛五十CC的摩托車，一個女的坐前頭，我就很好奇另一個女的要怎麼坐？是側坐呢？還是跨坐？側坐很危險，座位那麼小，很容易跌下來。」

阿勳尷尬地笑著要進入精采處，他瞄了瞄大家的反應，停頓了一下繼續說：「如果是跨坐嘛！嘻嘻……我就有機可乘了。我站在那兒等著看，我眞的看見她的內褲了。後來她們從我旁邊經過，後座的那個女的瞪了我一眼。不是很凶狠瞪一眼，是多留意一下那樣的瞪一眼。當時我內心的愧疚感突然上升，她的眼神像在告訴我：『你這個男人眞好色！』我眞的好色嗎？很羞愧自己爲什麼想看。」

阿勳講出罪惡感的同時，我腦海中浮現出在日本街頭蒐購高中女生內衣褲的「色色歐吉桑」的形象，忍不住想笑。可是，就算我遇見那麼美艷火辣的場面，應該也會好奇吧！如果以女性的角色停下來看，也會覺得有罪惡感嗎？

在工作坊中，早已樹立「風流浪子」形象的阿正，戲謔地問：「嘻嘻，大哥看見的內褲，也是紅色的嗎？」惹來衆人大笑後，阿正才認眞說道：「要我呢，就跟你不一樣。如果她瞪我，我還是會繼續看。對啊！穿得這麼短？本來就是要『秀』的嘛！我只是配合當個觀衆啊！大哥說的例子，讓我想起沙特在《罪惡與虛無》裡提到，他透過鑰匙孔去窺視另一個房間，可是卻看到鑰匙孔裡有另一個人的眼睛在看他，突然間他覺得羞恥感就跑出來了。」

罪惡感眞是純個人的尺度。同樣的窺探，阿勳的罪惡警示燈早已「嗶嗶嗶」地亮起，阿正卻毫不認爲有何愧疚可言。罪惡感到底是怎麼被召喚出來的呢？

人可以藉由像考古學家的挖掘過程，發覺自己以為已經遺忘的記憶。

雖說感覺像是個浪子，現實生活裡應該很嚴謹認眞的阿正說：「小時候我唸的是天主教辦的幼稚園，有一年聖誕節，老師們居然指定我來扮演聖誕老公公。奇怪哩！從小到大都沒胖過，居然要我演聖誕老公公。現在家裡還有一張照片，是當時留下來的。看了自己覺得滿丟臉的，從沒看過聖誕老人裝禮物的袋子是拖著走的，因爲根本揹不動啊！不知道是不是覺得自己沒把事情做好，後來據說啦！這件事情是我長大回學校後，園長跟我說的，他說我表演完以後，自己還跑到教堂裡去跪著懺悔。

「我一聽，心想怎麼可能？我那麼小會做出這種事。後來我想，人眞的可以藉由像考古學家似的挖掘過程，慢慢挖掘出一些自己以爲已經遺忘的記憶。就像我在上高中之前，立志想當神父，上了高中後發覺自己太喜歡看女孩子了，才改變志願。曾經有段時間我想唸神學院，後來沒這麼做，對我自己造成很大的壓力與罪惡感。」聽起來滿有意思的，年紀那麼小的阿正，居然已經有懺悔的概念，浩威笑呵呵地嘆說：「眞的滿特別的！」

不笑時，臉部表情有些冰冷的大姊，似乎習於繃緊神經。她說只要自己一偷懶，就會產生罪惡感。「我想，可能跟父母親的教育態度有關。從小只要一偷懶就會被斥責。所以，現在我只要察覺自己鬆懈下來，就會有罪惡感，很少會偷懶。譬如，早上應該幾點起床，衣服幾天要洗，工作應該達到怎樣的業績。醫生警告我，再這樣下去我會過勞死，可是我還是無法停止勤快工作。」大姊扯著沙啞的嗓子說。

阿正突然拍了一下大腿，像遇見知己般地興奮說：「我也是哩！我到現在還很害怕自己偷懶。我還是個學生，如果每天沒唸幾頁書，晚上臨睡前，愧疚感就很深。大姊這麼一說，我很有共鳴呢！」

其實，我也是哩。儘管已經畢業多年，如果日常生活中沒把事情做好，晚上睡覺時，就會夢見學校要考試了，自己卻還沒準備好，或者功課沒寫完之類的，讓自己大汗淋漓地從睡夢中驚醒。罪惡感可能是埋伏在每個人心中的糾察隊吧，平常無法具體察覺，不經意時就會伺機而出，控制力無所不在啊！

親密關係中的情侶，如果真有第三者介入，究竟可以忍受到什麼程度？

「有件事情未必跟罪惡感有關，不過，就是讓我對自己有新的瞭解。」大姊換了坐姿，接著說：「前幾年我有個男朋友，彼此很淸楚，到了這個年紀，也不期待一定要走入婚姻，只是相互認定彼此是個伴兒。後來我發現他有其他的女朋友時，我做了很多動作，連我自己都沒有想到，我竟會斤斤計較到這種程度。

「還沒離婚時，我告訴我先生：『如果你在我面前說有其他女人，我不能忍受；如果是別人看到，我不知道，那我就睜隻眼閉隻眼。』可是當我跟這個男朋友在一起時，就完全不一樣了。我變得很小心眼又很小氣，會去偷翻他身邊的東西。或者看他撥電話，他一出家門，我就再按重撥鍵，這樣就可以知道對方他撥的電話號碼，我眞的很訝異自己居然會有這樣的反應。

「這樣糾葛了很長一段時間，其實我心裡是很痛的。後來我覺得不應該再陷溺在那種關係裡，就慢慢疏遠他了。一開始對方還是會打電話來，可是我都不回應，我也沒有告訴他爲什麼。就這樣躲了他一年多，才完全沒有聯絡。」

「唉，」大姊輕輕地嘆口氣說：「就算沒有婚姻的約束，在親密關係中的情侶，如果眞有第三者介入，究竟可以忍受到什麼程度？我自己對這部分有新的瞭解，我不能忍受，眞的不能忍受。」

大姊重複說著不能忍受時，出現和平常的果決理性完全不同的面貌。浩威若有所感地接口說：「聽很多朋友說，夫妻兩個人一起去看電影『麥迪遜之橋』，結果兩個人都變得很尷尬？」

「爲什麼會變得很尷尬？」小倩疑惑地問。

「夫妻之間，理智上都認爲應該給對方一個箱子，不要打開，不要去碰，可是共同去看那部電影時，就變得很尷尬。因爲是一起在對方的面前，想到對方的箱子，而且還去打開那個箱子。其實就那個箱子來說，並不是配偶之間才有，包括父親、母親和小孩子之間，都可能是我知道我有那個箱子，你也知道我有，我也知道你知道我有，但就是都不能說。」

浩威神色漠然地說：「我覺得自己像座孤島，很久沒有違背人家期待的感覺了。一直到父親過世後，姊姊告訴我這個消息。聽到時感覺很強烈，那時候我一邊開車，一邊把累積的感覺翻出來。在我成長的過程中，父母親常利用罪惡感要我乖，那種感覺讓我很不舒服。後來因爲出去唸書，很少回家，慢慢可以看出這是一種情感的控制。所以吉吉講到對父母親的愧疚時，對我來說，那已經是遙遠陌生的感覺了。唉，到底是變成孤島好呢，還是留在親密關係中，爲著違背別人期待而變得有罪惡感好呢？要怎麼選擇才是成熟的，其實也很難說。」

夜深了，人也倦了，我不經意瞥見晴子已經悄悄地打起瞌睡來，素素看著她直笑，不過卻好心地不吵醒她。今天講罪惡感時，聽到好多的「不應該不應該不應該」，也有好多好多被當事人再三叮嚀絕對不能對外公開的故事，或許這就是「罪惡感」吧！

從外頭綿綿不停的春雨裡走來，進入這個地下室的小房間裡，生命彷彿在此暫時拋去所有負擔，伴著昏黃的燈光，和一屋子相識未久的陌生人，重新連繫彼此遙遠的遺忘了的過去。訴說的故事有遠有近，還有更多的，是深藏在記憶底層不經意被他人的故事勾引出來，等著回家後再慢慢回味咀嚼的。會感覺痛苦嗎？記錄工作坊進行實況的錄音機，在這時候已經切掉「PLAY」鍵了，問我的感覺？可能缺乏代表性吧！活動室裡衆人逐漸散去，不過仍有些捨不得離去的人圍繞成圈圈，意猶未盡地聊著呢！

＊　＊　＊

王浩威的情緒筆記——

如果我們將「guilty」翻譯成「罪疚」之類的字眼，那麼在西方文化中「guilty」的經驗比較普遍，在東方就相對少了許多。關於這點，可能要從定義問題討論起。在西方的文化裡，原罪（sin）的觀念普遍存在。人的出生已帶著原罪，如同亞當偷嘗禁果被逐出伊甸園，自然而然地，從小就有對不起上帝、辜負上帝對人的期待等等之類的罪惡感。基本上，西方對神的概念，與我們眞的很不同。西方哲學家一貫的討論核心，就在於人如何跟內心的上帝對話。

在相關的臨床報告中提到，華人罹患憂鬱症所表現的症狀裡，很少出現對天地神的罪惡感。相反地，反而是縮小範圍的罪疚，經常是覺得自己對不起身邊最親密的人。這是很有趣的差別。我們的觀念當然也會敬畏鬼神，可是更多的在乎卻還是自己身邊的人，經常對家庭內的親密關係、工作關係或者是情感關係，懷抱著虧欠的感覺。這種罪惡感跟西方的「guilty」是有差距的。

以台灣這麼現代化、核心家庭更徹底，個人主義抬頭的社會情境下，傳統家族結構中的基本觀念，包括孝道、情義等等，還是在我們身上繼續發生作用。我們談自己對別人應負的道義責任，卻很少談個人的責任義務問題。相對地，在西方社會裡，人與人之間的責任義務是清楚分明的，「自我」與「他人」之間明確界定的責任義務，完全訴諸自身的責任感來自我紀律。可是在台灣，儘管說是現代化社會，整個觀念卻又是舊社會的規矩，卡在半調子的尷尬狀況下，個人一方面要求獨立與權力，可是一遇到問題，就習慣跳回傳統的家庭關係來逃避。

另外值得注意的是，在親密關係中，我們不斷地利用罪惡感來控制對方，這個現象雖然不被大家承認，其實有些時候是非常清楚的。比方說，當我想要求對方給我更多時，西方的方式是提出來直接明說，「為什麼你必須給我更多？為什麼我有權利要求更多？」可是在我們的文化中，對自我權利義務的要求，還不被允許能夠如此明確成熟時，也就不敢提出任何合理的理由來要求別人，反而會以自己受到委屈或迫害，企圖引導對方認為自己是加害者，就像在親子之間或是情人之間，常會以激發對方的罪惡感來要求對方，而不願意談清楚彼此間的責任與義務。

把自己變成受害者，讓對方不能離開，經常是非語言的，只需要在神色間流露出來就可以達到目的。不過問題是，不斷被激發出罪惡感的對方，長久下來也會疲憊的。畢竟任何人都不願意被當做「壞人」；就算是壞，也希望自己的壞是在能夠改善的範圍內。可是兩人之間如果有一方始終利用罪惡感與對方相處，藉此間接要求對方，甚至操控對方，持續下去總有一天，對方一定很不喜歡關係當中的自己，他或她也許不明白整個過程究竟是怎麼回事，但是疲憊、自責和困惑的結果，就會選擇遠離。

因爲只要一進入這樣的關係裡，就會從對方的反應中看到自己的壞，其實是一件很痛苦的事，沒有人能長久承受自己眞是如此的壞，索性也就從這段關係中自我放逐出去。所以，有時候情人之間的分手，可能沒有吵架，只是一個瑣碎的理由，只不過是長期的疲憊堆積後卻又說不出原因的結果。

在華人的家庭文化裡，親子間的感情互動本來就很少，而父母還是常利用失望等各種乍看是父母自己受傷害的樣貌，引導子女產生罪惡感，以至於孩子看到父母親就會覺得自己的表現對不起父母，覺得自己應該更努力，對父母更好。可是子女逐年長大，愈是察覺父母的期望（這時可能也內化成自我的期望了）是不可能達到的，遲早會開始疲累。當他感到無力不知所措時，就會有股力量驅逐他離開這個教他充滿罪惡感的家。

事實上，親密議題恐怕是大部分的華人家庭都得思考的問題，尤其是已經進入現代化的華人社會，這問題顯得更重要。因爲在愈親密的關係裡，我們愈不習慣要求自己權利的同時，通常也愈可能逃避掉自己的責任和義務。我們或許可以學著在要求自己的權利時，毋需羞澀不安，因為這真的是自己應有的。相反地，能明確說清楚個人的權利和責任，才是現代社會真正的健康。

情緒出路

在目前的社會變遷下，「罪惡感」果真成為生活中的問題時，我們可以看到兩種方式：一種人是留在原來的關係裡繼續承受，扮演傳統的角色。採取這種方式的人在我們的工作坊團體裡幾乎沒有，也許是因為這類會主動來參加成長團體的行為，其實是相當西方思想的，所以在成長團體裡，幾乎不太可能遇到那種在傳統家庭中任勞任怨的人。

至於會去思考這問題的人，經常不是思想被影響，而是因為真正的生活遭遇了困境，讓自己不得不去面對這個問題。所有的痛苦都來自於變遷中的過渡期，傳統和現代之間的過渡。對半調子的現代人來說，不知所措地離家出走，就像《聖經》裡的浪子該隱，唯有透過離家，歷經流浪一般的成長探索，才有能力再回家，有能力在親密關係裡清楚要求自己的權利，同時也心甘情願履行自己責任。

所以，這問題如果發生了，你開始感覺到這種罪惡感造成的壓力，或許得「保持距離」才能想得清楚而找到出路。在第一個階段可以先用合法的方式離家，比方說工作或升學，這似乎是必要的過程；再過來，可以從比較遠的朋友或同事開始，學習保持不卑不亢的態度來要求自己的權利。不要一談到自己的權利時，就覺得不好意思，那是「卑」；或者覺得自己已經壓抑太久，一講出來就出現爆炸性的表達方式，那也不好。而自己所在位置應有的責任和義務，自然也會在這過程中明確被界定。

延伸閱讀

1. 《自我的追尋》　佛洛姆著　志文
2. 《愛、恨與死亡》　關永中著　商務
3. 《暗夜倖存者》　徐璐著　皇冠文化
4. 《罪咎》　費迪南・馮・席拉赫著　先覺
5. 《打開生命的燈》　羅伯特・麥基著　道聲
6. 《犧牲：精神分析的指標》　侯碩極著　心靈工坊
7. 《療癒之鄉：推開心靈的鐵窗》　羅賓・葛薩姜著　心靈平安基金會（奇蹟資

訊中心）

8.《道別之後 After Goodbye》 泰迪・曼坦著 張老師文化

第十課

快樂。其實不等於罪惡

真能放開心懷去快樂嗎？

如果我們永遠在意別人的眼神，連短暫的放鬆也有壓力。

那麼，或許已經不知不覺喪失了快樂的能力了。

工作坊第九次的聚會在春假期間。七點一到，人還來得不多。早到的大姊邊喝著茶，邊和阿陌聊起身體檢查的結果。素素進來時，小倩「哦」了一聲，吸引了大家的目光往門邊看去。紮著辮子的素素，胸前架了一副太陽眼鏡，手上捧著大把的海芋。她的出現，讓夜晚的地下室，滲進了午後的陽光。房間內的情緒頓時被渲染得很高昂，剛剛在一旁打盹的晴子，一睜開眼睛，就忙問素素到哪裡逍遙了。

話題圍繞著陽明山時，浩威來了，又是笑意又是歉意，說他剛結束演講趕來。還氣喘吁吁的他，喝著大姐殷勤遞過來的茶，緩緩地鬆了一口氣。浩威說，這次我們要講點正面的情緒了。

晴子嬌聲問：「什麼是正面情緒啊！」

浩威笑著回答說：「前幾次講的都是負面的情緒，這次我們要講的是正面情緒。不過，正面情緒也不太好講。其實，我們不僅很少談不快樂的情緒，即使連快樂的情緒也很少談。我們很少說：『今天很快樂』，也不常會說：『今天心情不好』。」看到素素嘟著嘴不以爲然的表情，浩威趕緊補充說：「至少男性啦！」

「我想題目時，想到愉悅、激情，似乎都跟性有關。我考慮過，要不要分享彼此的性經驗。如果有人願意談當然很好，但是團體的進展並沒有足夠的親密感，突然之間把話題轉來談性的愉悅，似乎太快。所以我們還是講講個人最近的正面情緒吧，我會這樣講是因爲，我似乎好久沒有正面的情緒了。」浩威滿有意思的，通常都是他舉個例子，大家開始七嘴八舌回應，經驗豐富的人還可以舉一反三，他現在先說沒有正面情緒，無法拋磚引玉，頓時又陷入短暫沉默。

壽司一入口，我覺得周圍都靜止了，腦袋一片空白，只剩下嘴裡咀嚼的聲音，高興得眼淚都快掉下來了。

浩威不以爲意，悠哉地拿起餅乾往嘴裡送。不耐靜默的小倩，主動開口化解僵局。現實生活中擔任小主管的她，習慣領導統御，做事應該很有效率吧！每當團體一靜下來，大家常會有默契地等待她或者大姊先發言，他們都是善於協調解圍的人。

紅潤的唇色映襯著白皙的臉龐，小倩眼神發亮地說：「最近一次正面的情緒，其實滿感官的，就是吃到非常好吃的東西，讓我到現在還忘不了的好吃。有部漫畫叫做《將太的壽司》，書裡描述壽司好吃的程度簡直到了不可思議的地步。將太參加比賽時做握壽司，書中形容醋飯和魚肉再加點芥末，味道完全融合，放進口中馬上就化掉了。看漫畫時，我想那怎麼可能，生魚肉怎可能化掉，可是，哇，我開始流口水了。」

小倩伸出舌頭舔舔嘴唇，做了個垂涎欲滴的表情，「有一次，我在巷子裡的日本料理店點了握壽司，那天的握壽司眞是令人驚喜，簡直到了入口即化的地步。那是晚餐時間，旁邊很多人在吃飯，很吵。可是壽司一入口，我覺得周圍都靜止了，腦袋一片空白，只剩下嘴裡咀嚼的聲音。當時的感覺眞是好高興好高興，眼淚都快掉下來了，眞的好好吃好好吃好好吃……」

「在哪裡啊？」「是哪一家？」當下每個人都很心動，紛紛詢問小倩那家店的地址。驚喜過後的小倩，神色轉爲黯然：「後來我滿心期待再去，就不曾再吃到那天的滋味了。不知道是換了師傅，還是那天師傅的心情特別好，總之那感覺就不再有了。可是也因爲只有那麼珍貴的一次，所以我念念不忘。那眞的是可遇而不可求吧！後來我想，爲什麼那天我會那麼感動？大概是因爲我的嗅覺已經慢慢退化，快要聞不到味道了，吃東西時只能仰靠味覺來感應，所以吃到好吃的東西，眞的很感動，覺得世界上只剩下我和握壽司了。」

眞的這麼好吃，還沒吃晚飯的我，不自覺地嚥著口水，聽小倩這樣敍述，吃到世界只剩下自己和握壽司，眞是讓人悠然神往的境界。

我第一次坐雲霄飛車都叫不出來，太刺激了，嘴巴只能傻傻地張著，口水直滴，好像中風。

像是興奮的引線被點燃，晒了一整個下午燦爛陽光的素素，快樂地嚷嚷：「最近一次很興奮的經驗，是在遊樂園裡開懷大叫，叫得很『HAPPY』！叫出來的感覺眞的很舒服。我曾經參加過一個工作坊，每次聽別人講自己的生命經驗，我都會哭得唏哩嘩啦，同伴們還笑說我是用水做的。其中有一次，哭到情緒都崩潰了，實在沒辦法控制。到最後老師實在沒辦法，就要我叫出來。可是我不敢叫，眞的叫不出來，到後來被逼到非叫不可，我就叫出來了，叫的聲音是從丹田出來的，好像在做發聲練習喔。

「叫出來時，我有種被釋放的感覺。以後跟朋友上山，我都會慫恿他們一起喊，喊過的人也都覺得很舒服，因爲這輩子都沒這樣喊過呢！喊出來眞的很過癮，我常到山上讓自己盡情地吼叫大叫亂叫。」素素曾經提過，曾忘情地對著山谷大叫：「死女人！妳去死吧！」來宣洩日常生活的怒氣，原來這樣的放鬆是訓練出來的。素素述說時，比手畫腳，聲音還興奮得直發抖，陽光充足的她，今天眞的很快樂。

小倩也開心地附和：「能不能叫出來感覺差很多。我第一次坐雲霄飛車，是跟不太熟的朋友在一起，從頭到尾都叫不出來，因爲太刺激了，肌肉緊繃，嘴巴傻傻地張著，口水直滴，好像中風。下來之後還要抹『擦勞滅』讓嘴巴的肌肉能夠放鬆，才有辦法闔起來。」

「哈哈哈！」眾人大笑，很難想像成串滴流的口水掛在小倩唇邊，她今天還穿著白色連身洋裝，像個優雅的公主哩！小倩也笑得上氣不接下氣說：「第二次我跟很熟的朋友去，坐坡度很小的雲霄飛車，因爲我很害怕下墜的感覺，所以還沒往下墜，我就已經尖叫了，叫到後來，前面的老外都回過頭來看我，好可笑喔！」

「妳一講，我就想到學跳舞的經驗，」浩威看著興奮的小倩說：「我以前不只是聲音，連身體都很難放鬆，去跳舞也跳得彆彆扭扭。後來眞正體會什麼叫跳舞，是有一次在學校裡參加原住民同學辦的舞會。

「以前參加舞會，不免會顧慮跳得那麼難看，同學一定會笑。可是那天大家都很盡興。那種盡興是會渲染的，大家都太快樂而沒時間甩你，因此反而自由自在。你會覺得，哦，跳舞原來可以這麼快樂。參加那次舞會後，以後再參加其他的舞會，我都可以很快進入情況，收穫眞的滿大的。可是坐雲霄飛車，我還是叫不出來，比較像中風。我想可能是性別的關係，同行的都是男性，所以會覺得好像不應該叫。」

「意思是說，實際上你想叫，但顧及男性自尊，所以不敢叫囉？」素素下的結論像在揶揄浩威。

「我想或許有關係吧！」浩威苦笑說。

「不會啊，我先生也叫得很厲害呢！」小倩難得不仁慈地提出反證。

我運用一些「技巧」贏得大獎，高興的又叫又跳。

小倩和素素的快樂，像春天的微風吹拂過整個房間，搔得我心癢癢的。先前講起負面情緒，我總會撐到最後，被浩威點名了才開口分享，可是今天的情緒被感染得好高昂，不待浩威點名，我就先說了：「最近一次情緒激動得很厲害，是年終摸彩的時候。我們玩賓果，先連成五條線的人就可以選獎品。玩這種遊戲我可是有技巧的，不是完全靠運氣。」我說到這裡暫停，享受大家的好奇，像魔術表演似地慢慢現出壓箱寶物。

「首先，要在腦海裡充滿勝利意識，然後把強烈的電波發出去，影響抽號碼球的人幫妳抽到想要的號碼。我就是運用這種技巧，幫自己贏得一台電視。而有同事沒來，所以我也幫她玩一張，然後又贏了一台電視。我眞的好高興，又跳又叫，興奮得發抖。後來同事們都把單子交給我，我也陸陸續續幫他們贏得獎品，我快樂得滿場跑，覺得自己很行，很了不起。」我擦擦眼角因爲太過興奮而流出的淚水，瞬間我聽到小倩驚嘆：「她到現在還很興奮吶！眼淚還流出來。」

「後來，有個老是不能『賓果』的同事，不耐煩地跟我說：『妳幹嘛跑來跑去啊！』頓時我好像被當頭棒喝，像被責備了。以前不是有個人叫謝安還是謝玄的，有人來告訴他軍隊打了勝仗，他還是很鎮定地把棋局下完，後來人家發現他的木屐因爲壓抑興奮之情而踩斷了，這才是有大將之風的人嘛！沉得住氣。而我就是那種小眼睛小鼻子的小人，贏了一台電視就高興得不得了，實在太得意忘形了，我把大獎抽走了，表示別人中大獎的機會變小了，眞是『幾家歡樂幾家愁』，我的快樂導致別人的哀愁，我太不應該了，頓時我的腦海裡充滿了譴責快樂的形容詞。」

浩威笑說：「妳何不想成是『一家烤肉萬家香』呢！」

「電視怎麼會像烤肉呢？又不能切塊分給人家吃。」我無奈地說。

角落邊的晴子帶著無辜的語氣搭腔說：「我也常有這種想法，比方說考試考得不錯，或者是被老師稱讚，覺得很高興，可是接下來就會發生一些不幸的事，後來我就把那種日子定爲『倒楣日』。

「國二時，老師問我：『妳的偶像是誰？』我說是國父啊！高中時同學問我：『妳怎麼喜怒都不形於色？』我就回答她：『妳看國父遺像有大笑嗎？』」

哈哈哈，國父形象跟眼前的晴子，似乎完全是兩回事，但是晴子還是一本正經地，把大家都逗笑了。

一群鳥飛下來，離我很近，我不敢動，但內心非常地感動。

唐果的笑聲最放肆，大家笑完，看著他又笑了一陣子才停下來，披著一頭亂髮的他說：「有一次，我一個人騎車到新中橫玩，沿途感覺不錯，看到烏鴉、斑鳩，騎了好久，滿高興的，後來經過一個樹洞時，聽到嘩——的聲音，我心中有個預感好像會看到什麼，就把車子停下來，鑽進另一個樹洞裡坐著，然後一動也不動，我整個人很放鬆地坐著休息。

「大概經過十五分鐘左右吧，有一群冠羽畫眉飛下來，離我很近，我不敢轉頭看，因爲怕一動牠們就飛走了。那天下午很安靜，四周沒有任何聲音，只有鳥叫聲，而且就在我耳邊。再過一下子，又有一大群金翼白眉飛下來，我突然發覺頭頂上非常熱鬧，當時我一動也不敢動，感覺像在做夢哪！

「以前也曾賞過鳥，卻從沒有這麼接近，那就像一個你很喜歡的人，突然來到你身邊，很親切地跟你講話。雖然完全不用語言，可是我做到了讓牠們安心地在我身邊出現，那眞的是預期之外的事，當然還得靠運氣，所以我覺得好像意外中大獎那樣，感動得一直起雞皮疙瘩。」

唐果的眼神投向遠處，神情陶醉，猶如回到那個下午的奇遇幻境中。可遇不可求的，他喃喃地又說了一遍。

有一次登山，遇到「坐看雲起時」的樂趣，儘管登山的人很多，自己卻像已經進入另一個世界了。

浩威望著他，美好的記憶也被勾引出來，但是他的語調很平緩：「這種說是『高峰經驗』也好，或者說是『出神』也罷！我自己也有這樣的經驗，覺得滿幸福的。印象是在爬奇萊山時。有一天比較早紮營，就輕裝去攻一個頂，攻上去要下來時，因爲地形，一邊是草坪，一邊是完全垂直的斷崖，而剛好一面有陽光，另一面是雲，就看著雲從山谷湧上來。彷彿古人所講的：『坐看雲起時』的樂趣吧！世界變得很寧靜，儘管登山的人很多，自己卻像已經進入另一個世界了。

「這樣的感覺，該怎麼講，是不經意的感動嗎？很難說清楚。以前寫稿眞的很快樂，尤其自己想要提出有創造性的看法或評論時。因爲每次想要對事情做一個比較完整的評論，就會想很久，不得不拖稿，因爲怎麼想都覺得不完整，所以都得拖到最後一刻。有時候告訴自己今天一定要寫出來，回家先睡一覺，起來後就提筆，愈寫愈順，愈寫愈快樂，一個晚上可以寫六、七千字，自己覺得寫得擲地有聲，感覺就像吃了人參果。不過，那是一種得意也好，感動也罷，但離狂熱的興奮還是有些遙遠。」浩威的語氣更平淡了，而且還帶點落寞，看樣子他眞的是缺乏快樂的感覺太久了。先前大家都講得眼神發亮，聲音發顫，手舞足蹈，興奮到流淚，但是快樂的滋味在浩威口中形容起來，卻平淡無味如嚼蠟。方才激起的高亢情緒，傳遞到他這兒，彷彿戛然而止。

從小我被教育要注意「樂極生悲」，而不是「及時行樂」。我擔心自己真能享受快樂嗎？

大姊像是一點也不意外地接口說：「這就是『高峰經驗』的缺點吧！因爲爬

到高峰之後，一定要往下掉啊！就算維持在高峰，還是會覺得『高處不勝寒』。像吃了好吃的東西，看了好看的表演，聽了好聽的音樂，這些都可以讓自己感到快樂，可是再來呢？標準會愈來愈高，才能刺激你達到相同的快樂。所以像快樂這種情緒，我有一些障礙，會警惕自己不要太快樂！我懷疑在盡情享受後，不會有惡果嗎？像剛才談賞鳥，我會想到『玩物喪志！』」

「哇，妳眞的好痛苦。人家說社會在壓抑我們快樂，妳是自己在壓抑自己？」浩威說。

大姊聲音沙啞地說：「是啊，我也跟我妹妹討論過，這可能跟從小接受到的教育有關。我比較相信的是『樂極生悲』，而不是『有花堪折直須折』。今天天氣很好，可是明天或許會傾盆大雨。當我快樂時，樂極生悲、得意忘形這些字眼會跑出來，我擔心自己眞能去享受嗎？

「小時候很喜歡抓金龜子玩，可是金龜子又很愛停在玻璃窗上，所以小孩子就很容易聚在窗邊玩。玩得高興時，糟了！把人家的櫥窗打破了，回家要被打慘了；還有一次，我跑去外面玩跳格子遊戲，玩的時候把拖鞋放在一旁，後來家人叫吃飯，就急忙跑回家，拖鞋也不見了，回家後被修理得很慘。以後出去玩，我就會提醒自己不要太忘形，要記得把鞋子穿回家。」

看到有人同情地看著她，大姊又說：「還有我來台北考高中，放榜時同學跑來告訴我考上北一女了。我很高興，趕快秉告父母，讓他們分享我的快樂。爸爸竟然冷冰冰地跟我說：『妳別高興得太早，人家搞不好騙妳，故意耍妳，讓妳白高興一場。』我當場愣住了，他的表情到現在我還記得，當時覺得很難堪，還跑到浴室去掉眼淚。我想自己是被家庭壓抑得不習慣快樂，總會警惕自己快樂之後不知會有什麼惡果。」

聽著大姊一口氣舉出一堆「快樂後就會遭殃」的例子，浩威感慨地說：「小時候，快樂好像是一種不乖或是一種罪惡。」

不是每個比較慢拿糖果的人，都能獲得大成就，說不定他的憂鬱症會比馬上滿足的人嚴重很多。

素素皺著眉頭，不明白爲何要把自己壓抑得這麼苦：「我的喜怒哀樂全寫在臉上，通常沒經過考慮，情緒就直接出去了，不過後來都會後悔，覺得自己太三八了！」

「這樣難道不好嗎？」浩威問。

素素看著他，帶著無辜的表情回應：「可是這樣不符合《EQ》那本書要求的『控制忿怒，延遲滿足』的標準。我應該稍微控制一下自己的脾氣，讓修養好一點。」

浩威說：「我不贊成控制忿怒。忿怒應該是被理解而不是被控制，控制只是把爆發點延後。至於談到延遲滿足，我覺得『滿足』這翻譯有點問題，如果說是『延遲快樂』，那就會變得不太快樂了。而且書裡提到，比較慢去拿糖果的小孩，也就是所謂延遲快樂的人，將來成就比較大。

「可是，到底什麼是成就，是一般定義的社會地位、財富累積嗎？這個值得再討論。或許這輩子有幾次像唐果經歷到的那種『出神』的感動，還會覺得人生不錯。而且不是每一個比較慢拿糖果的人，都能得到大成就，萬一沒達到那樣大的成就，他的挫折感會怎麼表現？說不定他的憂鬱症會比馬上滿足的人嚴重很多。這些書裡都沒提到。」

雖然快樂很值得享受，可是我在悲哀中的感受更多。

平日很愛講話的阿正，今天卻沉默著。浩威看看他，他也看看浩威，較勁的結果，阿正認輸了，笑說：「今天一開始，我就努力想要講什麼呢？想了半天還是想不出來。剛才跑去上廁所，又抽了根菸，哎，還是想不出來。」

「為什麼呢？這也是我要問你的。」阿正的困窘，浩威早已觀察到了？

阿正臉上的困惑多於平日的自信：「快樂對我來講，不是沒有，只是很快就過去了，記憶不深。倒不是說樂極生悲，只是快樂的重量對我來說，感覺沒那麼重。我不認為快樂和悲哀有必然的連結，快樂是很值得享受，可是我覺得在悲哀中的感受更多。

「我曾經抽獎抽中冰箱，那瞬間真的好高興，可是過後就覺得無聊；吃東西嘛，也不會特別去挑好吃的；每天都走固定的路線回家，也不會換個好玩的路線；金榜題名固然高興，可是興奮一下也就過去了，所以快樂的記憶滿難回想的。硬要說的話，聽音樂讓我滿快樂的，可以什麼都不想；新到一個地方或者接觸到似曾相識的人事物，也會讓我覺得快樂，像是能夠暫時抽離現實環境的感覺，還不錯。」

感覺又酷又敢玩的阿正，應該很能及時行樂，沒想到他竟然說無法享受快樂，浩威不理解地說：「這跟你平常給人家看到的不太一樣。」

阿正說：「是啊，不過跟我很熟的朋友，都知道我平常就是靠著這一面——

不太有變化，很固定的這面在運作。我剛才想到亞里斯多德說過，每個人都會生氣，可是不是每個人都會在適當的時間點生氣。我覺得快樂也是這樣，每個人都會快樂，重點是時間的問題，有沒有適當的時間來快樂。」

「爲什麼要有適當的時間？忿怒常帶來毀滅性的效果，所以要找適當的時間點生氣，這可以理解。可是快樂的破壞性應該差很多吧，爲什麼那麼在乎時間點？」浩威問。

「嗯，比方說你很快樂，快樂過頭了，剛好身邊的人很悲傷，你把快樂飆出來，就不太對勁了。」

浩威問：「所以你要等大家都快樂後，你才敢快樂？」

「沒有啦！范仲淹講：『後天下之樂而樂』。那眞是太偉大了！」阿正不好意思地分辯。

為什麼不能做個快樂的知識分子，或者做一個快樂的左派呢？這句話點醒我很多。

浩威表情嚴肅地說：「我對剛才講的『快樂等於罪惡』很在意，可能跟自己的生命經驗有關吧！我一直到大學才學會跳舞，不過還是覺得不應該去參加舞會。

以前在學校的時候，社團的學弟妹在我面前都不敢笑，好像我不怒而威，他們很怕我。後來有個很重要的轉捩點，就是我碰到一個朋友——王菲林。

「當時很愛思考，把生命弄得很沉重，眞的是以天下爲己任。投入社運後，很多的困惑都發生了，原來的價值觀產生動搖，就在那時候碰到王菲林。我參加的是馬克斯的讀書會，那時還得偷偷摸摸地進行，我們讀的是很嚴肅的《資本論》。每次讀書會結束時，王菲林會說：『我們去跳舞吧！』當時心想我們在講無產階級的痛苦，應該是以天下爲己任的，必須很自虐、很苦才對，怎麼可以去跳舞？心裡很矛盾。

「他一開始用激將法跟我們說：『去認識社會現實吧！』每次都帶我們去最刺激的地方。後來有一次跟他聊天，他提到：『爲什麼不能做一個快樂的知識分子，或者做一個快樂的左派呢？』這句話點破我很多。後來再碰到社團的學弟妹，他們都覺得眼前的王浩威不是他們以前認識的王浩威了。」

浩威微低著頭，盯著面前的小茶几說：「我覺得對自己影響很深的兩件事：一件是我爸出車禍，那段記憶我全失去了；另一件是自己得了慢性腎臟炎，病了兩年多。這些事情都會讓安全感慢慢消失，而要想辦法讓自己活下來，個性上可能會因此對快樂充滿罪惡感。我想范仲淹的格言也是讓自己活下來的方法吧！

「剛剛阿正講的時候，我就忍不住想，別人覺得我很快樂，其實那些快樂很表面，那是可以製造出來的。我可以去大叫，因爲花半小時叫完，可以更有效率地讀書工作。我這幾年刻意訓練自己讓生活失控，或者說讓自己的生命去遊蕩。比方說，旅行不事先做安排，故意讓自己陷入不可預知的狀況。嗯，不過還是沒辦法眞正的失控，因爲回程機票還是一開始就先訂好的。」說罷，浩威抬起頭來苦笑。

爸爸很愛我，讓我覺得有壓力，其實我滿害怕的，怕爸爸太愛我。

今天談快樂，納悶的是吉吉並沒有開口。浩威原本像在做結論，忽然轉向吉吉。吉吉囁嚅地說：「我在想，大姊剛才說被家庭壓抑得不快樂。也許是妳爸爸知道妳考上好學校也很快樂，只是不知道要怎樣來表達他的快樂。」吉吉似乎很能理解父母的想法和顧慮。

大姊皺皺眉頭，不以爲然地說：「這點我沒辦法幫他忙，我想他要自己學習才行。」

「可是妳不覺得他很可憐嗎？因爲他連怎麼幫自己都不知道。」吉吉近乎哀求的語氣，很焦急地，竟然是幫大姊的爸爸向大姊求情。

「我剛剛看到淑麗做了一個很不以爲然的動作。」浩威說。有嗎？我的心思全寫在臉上了？我說：「我覺得滿有趣的，爲什麼吉吉每次問的話都一樣呢？上次晴子說爸爸揍她時，吉吉竟然會問：『妳是不是很氣又很愛妳爸爸？』我覺得那問題滿可笑的，因爲晴子談話的脈絡裡，只是在氣爸爸，怎麼也聽不出愛的感覺啊！但是吉吉竟然會這樣問。

「剛才大姊這樣講時，我也不覺得她爸爸有什麼高興，聽不出來。但吉吉會馬上反應，幫大姊的爸爸求情，我覺得滿不可思議的，似乎在她的世界裡，愛爸爸是一件太重要的事情，所以不管別人說什麼，吉吉都想到要維護爸爸，即使是別人的爸爸也一樣。」我剛開始吞吞吐吐地斟酌字句，講到後來竟是有點不留情。

「因爲我覺得爸爸很愛我，愛到變成壓力，我滿害怕的，怕爸爸太愛我。」吉吉說起爸爸愛她，她因爲感到壓力而生氣，結果充滿罪惡感的故事。

團體近尾聲時，大家一邊喝茶吃點心，一邊看浩威和阿正一來一往地討論著「快樂到底是不是罪惡」的問題。我覺得這個的工作坊很有趣。好不容易有一次要講快樂、講激情、講正面的情緒，像我這麼容易激動的人，難得從負面的哀傷情緒中解放出來，正想暢所欲言時，沒想到團體又落入無法快樂的主題裡。

最後，浩威跟大家抱歉，原本想講點正面的情緒，講到後來還是不怎麼正面。是啊，我沮喪地拿起一塊餅乾往嘴裡送，快樂真的不是一件容易的事。不過今天浩威和阿正的對話，倒是讓我深入思考了一些事情，自己似乎也不是能盡情快樂的人，所以我常夢見小時候，人生難得煩惱比較少的時候。

不懂哩，為什麼國民所得只有台灣二十分之一的小國不丹，生活在又窮又苦的惡劣環境中，絕大多數的人民卻認為自己快樂又滿足。而生在台灣，生存環境相對優渥的我們，卻很難覺得快樂呢？

＊　＊　＊

王浩威的情緒筆記——

快樂是少數屬於正面的情緒之一。正面的情緒往往很少被描述，在種類的區分上也是分類最籠統的。快樂其實可以分成很多類型，以下簡單舉幾個類型來談，當然不囊括快樂的全部種類。

首先，我們看到的快樂是來自壓力的解除。這壓力可能是經過長期的累積後，終於可以面對山谷高聲尖叫，把平常想做而不能做的事情做出來；也可能是自己刻意製造出瀕臨壓力的狀態，比方說坐一趟驚險的雲霄飛車或者高空彈跳，經歷危險後，從最緊張的狀況放鬆下來，整個人自然會覺得暢快得不得了。這種快樂不妨可以稱爲暢快。性愛的快樂之一來自於高潮所帶來的快感，也是一種類似暢快的感覺，全身繃到最緊的程度，然後整個放鬆下來。

還有一種快樂是因爲欲望的滿足。從小到大我們有過很多渴求，有些夢、有些或大或小的念頭，不太清楚自己能不能得到。比方說，我們都曾想擁有財富，但是財富如果能帶來快樂，有一個前提是財富不能累積得太慢。譬如說，靠儲蓄慢慢致富，這快樂的感覺可能就不會覺得那麼清楚，因爲欲望的成長永遠比滿足還來得快，就像人如果存了十萬，就會想再存一百萬，然後再存一千萬。所以，所謂的快樂是欲望被滿足的速度要比欲望的成長來得快，就像出乎意料中彩券或是考上理想的志願一樣，一翻兩瞪眼，超出想像那麼快地得到自己想要的東西。

另一種快樂比較屬於心理學上所說的「宗教性的體驗」。所謂宗教性，並非跟宗教儀式或神鬼有關，而是像心理學者馬斯洛（Maslow, A. H.）講的「高峰經驗」。高峰經驗是指生命中未曾經歷的全新感受，通常是可遇不可求的，包括馬斯洛在內的很多心理學者都試圖描述這種感覺，可是實際上描述出來的東西卻又很抽象，反而是小說式的描述來得準確些。其實很多宗教的修行常提的「出神」

境界，其實也是類似的感覺。可是「出神」的體驗，未必要經過宗教的儀式，像唐果在團體裡講的「一群鳥飛到我身邊，好像意外中大獎那樣，感動得一直起雞皮疙瘩。」就是出神的快樂。

不過在我們目前的文化裡，快樂似乎變成一種罪惡，而所謂的道德或善良通常都跟「受苦」有關。像古代的帝王舜，小時候就常被虐待，似乎這樣才能證明他的善良；而大禹治水要三過家門而不入，才能證明他是好人；二十四孝的故事更是明顯了。於是，所謂的好人通常是不快樂的。也因爲如此，所以我們常把快樂聯想成是罪惡的，不快樂才是善良。可是范仲淹所說的「後天下之樂而樂」的崇高標準，眞的可能有實現的一天嗎？那恐怕永遠都沒有機會快樂了。

我們的社會裡處處充滿鼓勵不快樂的機制，把人們快樂的能力慢慢地剝奪掉了。我們常希望建構一個和樂安詳的社會，可是如果快樂總被視爲是罪惡的話，我們怎麼可能眞正地快樂？如果人不敢眞正地快樂，如何希望社會有長久的和樂安詳？

情緒出路

或許我們要開始去檢視自己的很多能力。在過去的定義中，人們會認爲勤勞、有效率、忍耐、善良是美德，當作應該學習的能力。不過，我卻認爲，有很多人生下來就會的能力，才更是我們要學習的。比方說，學著緩慢、學著放縱自己和學著快樂，在這個講求效率和不鼓勵快樂的現代社會中，刻意維持慢的速度和能夠自在快樂的能力，已經不知不覺地喪失掉了。比方說，一直想去旅行，想把自己從都市的效率裡解放出來，等到眞有能力去旅行時，眞的敢放心去嗎？

我自已經常吆喝朋友一起去旅行，慢慢就學會一個教訓，一定要將報名的人數打個折扣。在我們周邊大多數的朋友，也包括我自己，到了要出門旅行的前一刻，開始想到了有許多事要做，有太多必須完成的責任，於是又丟下行囊了。如果這情形也發生在你身上，也許就應該問自己，眞的有放開心懷去快樂的能力嗎？或者是自己腦海中的念頭，永遠是隨時隨地想到旁人的眼神？我們並不是完全不理會別人的看法，只是，如果永遠都在乎著別人，連偶爾暫時忽略別人的眼神都做不到的話，我想，我們將永遠無法自在地快樂起來。

延伸閱讀

1.《牧羊少年奇幻之旅》　保羅・科爾賀著　時報文化
2.《心靈地圖》　史考特・派克著　天下文化
3.《心靈神醫》　東社法王仁波切著　張老師文化
4.《像佛陀一樣快樂：愛和智慧的大腦奧祕》　瑞克・韓森、理查・曼度斯著　心靈工坊
5.《眞實的快樂（二版）》　Martin E. P. Seligman 著　遠流
6.《喜悅的腦：大腦神經學與冥想的整合運用》　丹尼爾・席格著　心靈工坊
7.《原來你非不快樂》　林夕著　遠流
8.《世界上最快樂的人》　詠給・明就仁波切著　橡實文化
9.《幸福，從心開始》　栗原英彰、栗原弘美著　心靈工坊
10.《轉逆境爲喜悅：與恐懼共處的智慧》　佩瑪・丘卓著　心靈工坊

第十一課

信任。I will be there

談愛情，大家都可以說自己愛誰，

或許我們能掏出心去愛一個既邪惡又醜陋的人，去成全他、包容他。

可是說到信任，決定要把自己交給對方時，需要更強大的力量。

團體到今天是最後一次了。沒得猜題，只剩下「信任」可談。按照步驟：煮水、泡茶、鋪地板、擺茶几，這個我已操作十次的標準程序，下個禮拜起我將不再重複了。喔，不對，我們還有一次 Happy Ending，不過滋味可能不同了，那是為著即將分離才有的聚會，有儀式性的意義。

快七點了，人來得稀稀落落的，比平日晚到的大姊，拍落身上的雨水，邊說突然的大雨讓外頭寸步難行，晚點出門的人可能會塞在路上。小倩和阿妹已經說過今天不能來了。我不要自己有失落感，因為素素說過「凡事不抱希望就會有surprise」，這句話乍聽之下會覺是老生常談，但偶爾卻會巧妙地迴盪在我心裡。

浩威來了，初見這場面有些驚訝，大概是奇怪人員稀少，臉上倒瞧不出失望與否。他先幫自己倒杯水，笑嘻嘻地與大家聊天，照常宣布說今天要談「信任」。

「喂，你上次沒有來講『快樂』，有沒有什麼要說的？」阿勳才剛進門，尚未脫好鞋子坐定，浩威的問題就緊跟在後了。阿勳總被浩威指定為暖場的加溫劑。

「快樂喔，我想想看喔……」阿勳慢條斯理地擠到浩威身邊坐下：「我記得曾寫過一篇文章，『不要想去追逐快樂，才是真正的快樂。』……」又來了，團體名言的創造者阿勳，沒有大喜大悲大失落，凡事無動於衷。慢慢地，到的人多了，素素和阿陌還沒到。浩威笑著說要打賭阿陌什麼時候會到。

「我覺得她應該快到了。」阿勳很篤定地說。「為什麼，信任嗎？」我故意問。「因為阿陌看來就是值得信任的人，」唐果嘻嘻哈哈地奚落阿勳：「我相信她會來。如果是你，我就沒有這種信心。」「是啊，搞不好還要去跟人家聊天閒晃。」我配合唐果一搭一唱。

難得起波瀾的阿勳趕緊坐正，不甘心地追究著：「為什麼你會這麼認為？趁她還沒來趕快講。」「是啊，快點講。」當浩威看到些微火苗，趁勢煽風點火。

「我也說不上來，你也是每次都來啊！可是阿陌常常坐得很直、很硬，覺得她很穩定，可以被預期；你就是一直搖來搖去，笑笑的，比較自由的感覺。說信任嘛，好像你不可預期的部分比較多。」唐果看著阿勳的反應，不疾不徐，婉轉措辭，像算命師在分析命理似地，「硬要比較的話，她會講到生命中很重的部分，你可以明顯感覺到她那個人很明確地在那裡，可是你都沒有講到那個很重的部分。」

「又不是每個人生命中都有那麼沉重的部分。」阿勳悻悻然地反駁，似乎對唐果的分析有些失望。看起來無所謂的阿勳，對於自己是否被信任的事還是很在意。火苗還沒點燃，阿陌到了。她一進來，大家看著她笑，不知道自己的遲到差點引發一場賭局的她，以為是禮貌性的招呼，匆匆跟大家解釋因為天雨而遲到。現場也無人做解釋，只是神祕地會心一笑。

朋友勸我少搭計程車，但我相信人有基本的善意。會防範，但還是會搭。

「我上次去聽張笠雲教授的演講，她覺得台灣的不信任度很高，所以我要帶這個團體時，也會想瞭解小團體的信任可以到什麼程度。從陌生到現在，」浩威看了大家一眼，「怎麼會發生？我是在想這個問題。」

「對陌生人的信任，有時候不見得是件困難的事。」剛剛坐下的阿陌，稍微移轉了浩威的話題說，「比方說我常搭計程車，朋友都勸我盡量避免，我還是獨排衆議，因爲我相信人有起碼的善意。有些朋友跟我說，如果她們凌晨一兩點到車站，寧可在附近找個旅館過夜，也不願意搭計程車，我聽了覺得很不可思議。」

大姊也緊接著搭腔，「我也是習慣以計程車代步。當然我有篩選的標準，比方說哪些車我會選擇不坐。記得十幾年前，當時小孩還很小，我回娘家都搭計程車往返，每次我要坐車回台北時，我爸就會送我上車，而且還把頭探進去看司機的長相才讓車子開走。

「有一次碰到一個司機，上車後他說很不喜歡我爸這樣盯著他看。我也很無奈地請他體會做父親的心情。我說，如果是個酒醉的壯漢攔他的車，他應該也不敢賺那種錢。而彭婉如事件後，所有箭頭都指向計程車司機，即使在那段風聲鶴唳的時候，我還是照樣坐計程車。朋友都覺得我太大膽，一直告誡我，不過我覺得那信任還是在，當然我也會有基本的防範，比方說要上車前先跟朋友照會一下，或者盡量叫無線電的車。」

阿勳點點頭說：「我曾經聽幾個朋友說過被人追的夢，不少人是被計程車司機追，說被追的都是女孩子。我在想是不是因爲坐計程車時，是在密閉的空間內，我們被迫把自主的權利交給別人，可是又無法完全信任他，所以才有這種被追逐的夢。」

搭計程車似乎成爲不少女人不得已的選擇，信任的話題由此開始。記得我曾在彭婉如案見報隔天搭計程車，一上車瀰漫著的緊張與不信任讓車內靜悄悄地，後來司機先生打破沉默說：「妳看報紙了吧，會害怕嗎？」當時我可以感受司機先生被整個社會不信任的無奈與難堪。我雖然出聲安慰他，但心底的疑懼卻也老實存在揮之不去。那就好比走在深夜的路上，我常會頻頻回頭探望，總認爲在黑暗的掩護下，人性的邪惡也會伺機而出。

他的故事打動了我，可是我的不信任感告訴我，他會不會在騙我？

搭計程車很有經驗的大姊接著說：「我曾坐過一輛計程車，一上車就覺得司機很有禮貌、很斯文，車子也開得慢慢的。他跟我說，他是從南部上來謀生的，他太太因爲產後大出血，正在醫院等待緊急輸血，他出來開車就是爲了籌錢。當時我在想，他說了這些，不就是在問我：『我很缺錢，妳能不能幫忙我？』

「當時我滿掙扎的，到底要不要給他錢？因爲他的故事的確打動我，可是我的不信任感告訴我，他可能在騙我?!我必須在很短的時間內做出決定，很猶豫。後來我想想，被騙就被騙，反正錢也不多，他編這故事也編得滿辛苦的，就給他一兩千元，叫他快去救他太太。」

「咦，我的是在火車上……，」「我是在車站……，」唐果和素素不約而同地出聲，「你先。」素素要唐果先說。「大一升大二的暑假結束後，我坐火車從高雄上台北註册。上車沒多久有一個三、四十歲的男人，左手斷了，穿著香港衫，提著爛爛的袋子從我座位旁邊走過。後來他又走回來坐在我旁邊，開始跟我聊天。他說他剛出獄，因爲美麗島事件被抓進監獄，今天剛從綠島搭船回來，他的手就是被憲兵打斷的，聊著聊著他又問我唸什麼學校等等。他看我剛剛在寫字，問我是不是作家，我聽得滿爽的，嘻嘻。」唐果嘻皮笑臉的，慣常的輕鬆和比手畫腳的敘述。

「車子快到台南時，他跟我說，他想去洗澡、理髮、換件衣服，可不可以跟我借錢？雖然我媽的聲音瞬間在我耳邊響起：『千萬不能借錢給人。』可是已經跟他聊這麼久，而且那時候我還是很容易相信別人的，我掏出皮夾問他：『你要多少？』他沒說話只是盯著我的皮夾看。我抽出一千塊給他，他探頭看到裡面還有好幾張，問我可不可以再多一點，我又給他一張。

「他給我台北一家西餐廳的地址，說他在那裡當經理，叫我去找他玩！然後就在台南下車了。我永遠記得他站在窗口跟我揮手說再見的神情，我也很高興地跟他說再見。」唐果敘述時還露齒微笑揮揮手，模仿了當時那男人熱情道別的表情，很有趣。但是我卻不懷好意地在心裡默默地接續了他會被騙的故事情節。

「過了一個禮拜，我按著那個住址找，是一家鋪著紅地毯的歌廳，裡面飄著廉價的香水味，一問櫃台，他們卻說沒這個人。我再三確定，那個櫃台小姐很不耐煩地說：『你到底要幹嘛？』後來才確定真的是被騙了。」說到自己被騙，唐果還是傻傻地笑著。

素素說自己也有善心被陌生人利用的經驗，大夥都七嘴八舌地說自己上當的經驗——等公車時被說自己沒錢搭車的可憐人乞討十元，轉身卻看到那人又去跟別人要車錢了。面對這些乞求，明知道有被騙的風險，卻很少有人能不被這些可憐的故事打動，忍著不施予援手。

清湯掛麵的頭髮下，搭配著不施脂粉的臉，看似學生模樣的晴子帶著不服氣的口吻說：「哼，怎麼都沒有人來跟我要錢呢？不過以前我穿綠制服時，走在路上常會有人過來跟我問路，其實我對路根本都不熟，可是又怕別人失望，通常我就會隨便比一比。有一次，人家問我中正紀念堂怎麼走，我就往東邊比，那人走了沒幾步，後面就有人追上來跟他說：『不對，應該往西邊去才對。』害我很不好意思。」喔，被人欺騙是苦惱，被人過度信任未嘗不是壓力呢。

記得離婚那天早上，他還一直逼問我，到底把房子權狀拿到哪兒去了？跟他說我沒拿，可是他就是不相信。

議論紛紛後，短暫沉默。「不知道為什麼，這次談『信任』，我怎麼想就是會想到不信任的例子。」大姊注視著遠方，眼神沒有鎖定特定對象，像在回憶。「有人問我，為什麼會離婚？我說是個性不合。其實那很籠統，如果再講具體一點，導火線是錢。講到錢，信任的問題就出來了。

小時候常看到爸爸關店門後，開始跟我媽算帳。他每天給我媽固定的錢家用，可是也常質疑我媽這筆錢怎麼花？那筆錢哪裡去了？吃飯時，如果他覺得菜買得不好，會懷疑我媽是不是偷藏私房錢，然後把整個飯桌掀掉，讓全家人都沒飯吃。

「當時我想，以後一定不過這種時時刻刻被查帳的日子。偏偏我先生是個精於計算的人。他要求我一定要記帳，如果不記帳他就要查錢。我覺得很煩，好像又落入了兒時的窠臼，我不理他，我知道只要一記帳，他又會一筆一筆跟我算，我何苦讓自己那麼累，反正到最後各自經濟獨立，各人賺錢各人花。有時候沒開伙兩人出去吃飯，他會說沒帶錢由我出，他常常都不帶錢，後來換我也不帶了，兩個人都不想帶錢，乾脆就不一起吃飯了。」

夫妻之間猜忌到這個地步，幾乎連陌生人的情分都不如了。聽到大姊這麼說，驚訝的表情在素素臉上最爲明顯，她跟身旁的晴子咬耳朵說起悄悄話來了。「那時候我們家的洗衣機剛好壞了，我也不管就用手洗。當然是各洗各的，我才不幫他洗呢！後來他受不了，就去買洗衣機。洗衣機送來那天，他打電話到我辦公室，拿著聽筒貼住洗衣機，讓我聽機器轉動的聲音，然後問我聽到什麼。我說什麼也沒聽到，他說洗衣機買回來了，重點是他也沒錢了。又在講錢，我聽了很煩，就把電話掛了。

「唉，反正就是諸如此類的事一直累積。離婚那天早上，他還一直問我把房子權狀放哪兒去了，我跟他說沒拿，他就是不相信。我要他再去補辦就好了，工本費不過三十元，可是他還是纏著我鬧。」大姊講完，像是累了，身體往後一癱，長長地吐了口氣。

當時我很痛苦，變得不敢相信愛情，甚至在路上看到情侶手牽手，還會在背後猜測這對會持續多久。

「聽大姊這麼講，我也會想到以前的女朋友。」阿正開口說：「我跟女朋友分手也跟錢有關。以前剛在一起時，是我在賺錢養她，我想兩個人在一起，不需要分彼此。可是兩年後，情況相反，換她賺錢而我當學生沒收入，她會生氣爲什麼我都花她的錢，覺得很不值得，而且還要等我畢業更不划算。唉，錢是導致我們分手的部分因素啦！

「那時候鬧得很僵，害我不敢再相信愛情了！甚至在路上看到情侶手牽手，還會在背後猜測這對會維持多久？大概就像大姊講的，不是對特定的人不信任，就是整體對人的不信任，痛苦的分手經驗讓我變得很猜疑。」阿正苦笑地搖搖頭。

「後來你們怎麼分手的？」浩威問。

「後來會下決心分手是有第三者介入。還在膠著的時候，有一天深夜我打電話給她，從十點到凌晨一點都被占線，我想任何人面對這種情況都會胡思亂想。等到一點多，我很不安，立刻騎車過去看看。我有她家的鑰匙，可以自己開門進去，才旋轉門把我就聽到電話放下的聲音，雖然我沒有確切的證據，可是那直覺是八九不離十吧！當時她當然沒有承認，可是後來還是……。」阿正滿臉無可奈何的表情。

男人處理感情好像都很笨拙，明明想說：「我愛妳，不要離開我。」可是實際講出來的話，卻恰好相反。

和素素對愛情的恐懼不同，阿正對愛情的猜疑現在已看不出痕跡，或許是下一場美好的戀愛治癒了他，讓他得以繼續相信愛情。阿正若有所感地側過臉去，表情嚴肅地注視大姊說：「剛才我聽大姊講，想起過去的經驗。我覺得男人處理感情好像都很笨拙，明明是想跟那女孩子講：『我很愛妳，不要離開我。』可是實際講出來的話，做出來的事，恰好相反。像妳前夫買了洗衣機，是想跟妳說：『親愛的，我知道妳洗衣服很辛苦，所以我買了洗衣機回來。』他如果這樣講就沒事了嘛！可是明明是希望對方別離開，想跟她說我愛妳，表現出來的卻剛好相反，男人眞的很笨。」

阿正這番話，激發了男性的同理心，浩威反問：「要開口很困難吧！」阿正以過來人的姿態開口指導說：「我剛開始談戀愛也是笨哪！第一次不要臉很困難，第二次就簡單啦！熟能生巧嘛。」「原來不要臉這麼簡單哪！」浩威故意取笑他。

大姊立刻回答說：「或許眞的像你講的那樣，可是我沒有耐心，不耐煩去看他遊戲背後的東西。在講『嫉妒』時我就想過嫉妒、信任、背叛這三者的關係。我跟我前夫說過：『我覺得你都不信任我。』他只回了我一句：『妳要做得讓人家信任，別人就不會不信任妳。』他這樣一講，我就不知道該怎麼接下去。或許吧，眞的像你講的，他會捨不得我，可是他那個面具戴得太牢了，我感覺已經好累了，我不玩了，沒有力氣再去幫他拆下面具了。

「我先生有一輛車，我要考駕照之前想跟他借來練習，他竟然拒絕，叫我自己去汽車教練場買鐘點來練習，當時我很火大。後來我會開車後，他有時候會很大方地借我開，可是每次都在旁邊大呼小叫地指揮我，把我氣死了，後來我就不開他的車了。可是有一天，他跟我講希望我幫他攤油錢，唉，什麼情況下你知道嗎？就是有一段時間我常常加班，他不放心地常來接我。我感覺他是不放心，想知道我在做什麼，而不是眞的體貼或愛我。他既然要我攤油錢，我就跟他說，如果你是因爲來接我而要求我攤油錢，那你以後不要來接我了。生活裡就是這樣充滿很多不安。」大姊忍不住又補充個例子。

聽大姊說完，吉吉感慨地說：「愛情中好像都會有些猜忌。我看過一個節目是請夫妻檔來做心理測驗，主持人要夫婦兩人各自寫出對方的缺點。有個太太簡單寫完丈夫的缺點後，抬頭發現先生還在寫，很不平地想她每天做牛做馬，先生對她竟有寫不完的缺點，眞是何苦呢！公布結果時一看，原來先生在紙板上寫滿了我愛妳我愛妳……」

我對人有潔癖，只要讓我發現他有說謊的跡象，我就會遠離他。

素素看來很落寞，她沉著語調說：「我跟之前的男朋友在一起不到三個月就分手了，不知道爲什麼。有一天他突然跟我說，他很忙希望暫時不要見面，我聽了彷彿晴天霹靂，我不明白他爲什麼會這麼說。我們之間也沒有吵架，說是沒那麼親密好了，可是他這樣處理我們的感情，喔，能說是感情嗎？說是關係好了，讓我很意外，也很傷心。基於自尊，我也不追問原因，我猜想他也不會老實說。

「那天晚上回家後，我覺得自己好像被拋棄了，難過得整個晚上都在哭，可是隔天起來，我又安慰自己說：『有什麼好哭的，又不是眞的被拋棄，只是分開一段時間啊！』我們眞的從此沒再見面了。我下定決心要忘掉他，只要不小心想起他，我就處罰自己丟十元銅板到盒子裡，再把錢拿來請同事吃東西。後來我不再那麼想他，就算想起也不會難過了。經過這件事以後，我沒辦法再輕易相信男人，因爲我不相信他所說的分手理由，但是我也逃避不想去問。我想那分手的理由或許是很傷人的，我又何必去問呢，問了也是讓自己傷心。」憧憬愛情，但不相信永遠的素素，終於揭穿了她爲何不信天長地久的謎底。「何必呢！」「要我就會去問。」衆人你一言我一語地熱心獻策。

「對啦！」爲了自尊不追根究柢的素素，終有按捺不住的時候，「參加幾次工作坊之後，我發覺自己眞的很習慣一遇到事情就逃避，跟他分手這件事我也一直在逃，所以我決定面對他問清楚。電話撥通，寒喧過後，我沒有猶豫，直接問他當初想分手的原因，沒想到他也不明白爲什麼會分手。他說當初只想分開一陣子，沒想到我就永遠說拜拜了。我聽了以後雖然無奈，不過也覺得也許是緣分吧。

可是心中還是不免懷疑他是不是說謊。」謎底揭曉，但是素素並沒有撥雲見日的明朗，反而留下遺憾。她說，自己對人有潔癖，只要一讓她發現說謊的跡象，她就會從此遠離這個人。

對愛情毫無信心的素素說，談「信任」讓她不知所措，「我在講『絕望』時就說過，對於『永恆』這東西我是完全絕望的，因爲任何感情、關係都會變，我沒辦法百分之百相信別人。」可是一說起父母親情，素素立刻綻放笑顏，很幸福地說，「我唯一會信任，不會讓我失望的，就是父母對我的愛。有時在外頭孤苦無依時，就會想到回家的溫暖。我爸還跟我說，就算我一輩子不嫁，他也不會趕我，嗯，就算我走投無路時至少還有地方可以投靠，像是有個安全港似的，這應該就是信任吧！

「而我父母的關係也讓我很有信心，上次我媽開完刀，我爸就全程留在醫院陪她。每天幫她洗澡、餵她吃東西，無微不至地照顧她，看到他們相互扶持的感覺，我就覺得很幸福。」

素素相信親情的幸福篤定，跟剛剛談起愛情時一臉狐疑的模樣截然不同。浩威一語道出她的矛盾說：「妳說幸福的定義是相互扶持，可是妳剛才又說妳已經很難相信男人、相信愛情，那豈不是沒有幸福的機會了？」素素沉吟一下說：「我只是僥倖在碰運氣，看看自己是否能遇到契合的人，但是眞的沒辦法強求。」

平常都會提醒自己，不要相信永恆，最好不要習慣。可是一旦熱戀發生，就眞的無法控制了。

浩威回應素素說：「妳剛才講的讓我印象深刻，妳說無法容忍一個謊言。事實上，像剛剛阿正講的，分手時會做出很多事情連自己也無法理解，有些會矛盾甚至還被認爲是謊言。剛開始有誤會時，會想用謊言來挽回，等到發生爭執時，就會不自覺地把過錯推給對方，心想：『都是因爲她這樣，所以我才……』，問題就像滾雪球一樣，愈滾愈大，等到親密關係愈來愈深，要把自己交給對方時，反而充滿不安全感，這種不安全感當然也包括想控制對方。

「像剛才大姊講的，剛開始很甜蜜時會接送，吵到最後也會接送，這到底是親密關係裡的想占有還是想控制，我不知道。有沒有一種愛情可以完全沒有謊言？唉，人眞的都是後知後覺。」浩威輕輕地慨嘆。

他看著素素說：「妳說的那個男人的心態，我可以理解。事實上以前自己談戀愛時，對方希望朝夕相處，自己也覺得應該這樣，因爲電影都這麼演嘛！事後回想起來，自己很累，啊，真的很累，覺得要扮演一個完美的戀人，自己又有其他的事情要做。矛盾的壓力一直累積，三個月，三個月，嗯，我覺得妳男朋友不錯，竟然可以維持三個月。不過我現在大概就不會要求自己當一個完美的戀人了。」

「嗯，我覺得你這樣講好像有通吶！」素素抬起頭來，一副恍然大悟的表情。「因爲我後來打電話給他，他居然跟我說，很抱歉，當時無法兼顧我。我聽了很驚訝，我給他這麼大的負擔嗎？我覺得自己從來沒有要求過什麼。

「因爲那是我第一次談戀愛，我是很被動的，只想從對方身上獲得什麼，可是不知道他壓力這麼大，因爲他從來沒有告訴我，後來他這樣做，讓我覺得他很不成熟，而且也傷到我，以前我從不承認他傷到我，因爲我想那是很丟臉的事。或許是我對感情受傷害的抵抗力比較弱，多經歷幾次或許抵抗力會變強，但是我不知道自己有沒有勇氣？」

浩威說：「我覺得那不是抵抗力比較強才能體會，好像在進入戀愛的情境裡，你會習慣性地想要去扮演一種角色，事後又會覺得那不像自己，不喜歡那個自己，不管是很浪漫的部分也好，或者是很暴君似地、占有欲很強的部分也好。所以我每次到中學演講時，都會叫大家趕快去談戀愛，通常要多失戀幾次，才能夠用你自己想愛的方式，去愛到你想愛的人。因爲有時候愛到自己想愛的人，可是卻不是用自己想要的方式，把自己弄得像羅密歐似的。

「我想到自己在熱戀的時候，才會看到個性中最充滿毀滅性的占有欲望，平常都覺得自己很淸高，可是一進入愛情中，我不知道爲什麼那欲望就會跑出來，平常都覺得，『不要相信永恆，最好不要習慣』。可是一旦發生了，就眞的無法控制。我現在其實滿懷念熱戀的感覺，老了才會這麼想念熱戀的感覺，我自己也覺得奇怪。」

只相信自己、也只敢依靠自己的阿陌，思考良久想不出她還能相信誰，按捺到最後趁著沉默的空檔，她說：「我一直在想，我到底相信誰，碰到問題時會找誰？答案卻都是我自己。有個朋友什麼事都會告訴我，連情人間最私密的事她都會說。可是我只會選擇性告訴她一些事，爲什麼我不能全然相信她呢？甚至我也不太信任我對女兒的愛，或許那也是條件性的。如果她表現很好，我想我是愛她的；如果她表現不好或者是違背我，我想可能就沒這麼愛她。

「嗯！我不認爲父母的愛是天生的。我相信我的父母也是這樣，表現好的子女他們就比較偏愛，讓他們比較煩惱的，可能就不那麼愛。所以我相信什麼呢？」大部分的人可能會認爲父母的付出應該是無條件的，阿陌卻持保留態度。在婚姻關係裡遭遇挫折的她，可能早已深思過人與人之間的情感，最後在人際關係中選擇疏離甚至像座孤島，或許是個不得已的選擇。

信任似乎需要很強的力量，那種力量甚至要比愛情更強大。

浩威看著吉吉點名說：「妳要講嗎？」

今天阿妹沒來，不知道吉吉是否覺得寂寞？選擇坐在角落的她，似乎盡可能不靠近大姊身邊。她無奈地說：「剛來參加這個團體時，我搞不清楚自己是在告解還是在自我瞭解。慢慢地我才發現自己不太會自我反省，通常都是在跟別人對話的過程中，我才會再回頭去想我自己。有時候別人講的跟我自己想的發生衝突，我會很難過，想說到底要自己去看書呢，還是鑽牛角尖？鑽了半天鑽不出來，其實也是很痛苦。

「上次講到結尾時，有人問我說，妳怎麼都在同樣的問題上繞來繞去，沒辦法跳開來？剛開始，我有點生氣，想說我幹嘛跟你們告解。後來我想，其實這是我在跟自己講話，然後我不願意去聽自己講什麼，對啊，我為什麼不聽呢？其實這也是一種對自己的信任啦！」

浩威說：「這眞的又是一個問題！自己能夠信任自己多少，其實每個人的安全感，到底敢去面對自己多少呢？」浩威拉著身旁的阿勳說：「你呢，你會信任誰？你一定會說信任自己。」浩威又是挑釁的語氣，激將法對老僧入定的阿勳管用嗎？「對我來說，信任似乎需要很強的力量，那種力量甚至要比愛情更強大。談愛情，大家都可以說自己想愛誰，或許我們可以愛一個很邪惡很醜陋的人，掏出自己的心去愛她，去成全她、包容她。可是說到信任，決定把自己交給對方時，我覺得要有更大的力量才行。」阿勳說完，四周靜悄悄地，連吃東西倒茶水的聲音也止住，大夥頓時陷入沉思，回味阿勳這段耐人尋味的話語。

在另一個人的懷抱裡，我們也敢放心孤獨，其實是很高的境界。

浩威搖頭苦笑說：「今天談『信任』，但是談出來的都是『不信任』。團體成立之初，也不會故意去找一堆不信任的人來，這次談出來的結果發現敢放心信任的人眞的不多。其實我覺得，要做到很深的信任，敢放心信任，好像滿遙遠的，或許像阿勳講的，可能是到人生很高超的時候，才懂得如何放心。記得我在讀精神分析時，最受到溫尼考特的影響，他曾說過一句話，我都背得出來：『Dare to be lonely in someone else' arms.』就是說，通常我們會窩在另一個人的懷抱裡，表示關係很親密，溫尼考特覺得，也許在另一個人的懷抱裡，我們也敢放心孤獨，他認為那是一種成熟的指標。

「剛剛也談過，以前談戀愛時，表面上都裝得很瀟灑，其實是很神經緊張的，常常擔心哪句話講錯了，或者是哪個動作做錯了，怎麼敢在對方懷裡發呆或是沉思？即使是在陌生的環境裡，其中有一兩個認識的人，好像就很難發呆了，那些都是在關起門來的孤獨狀態才會出現的動作，是滿高境界的感覺。會不會太難瞭解？」浩威瞇著眼睛笑，體貼地詢問著。或許現場困惑的眼神太多了吧！

是啊，上次好不容易要談點正面情緒，結果愈談愈沉重；談了那麼多次的負面情緒總算要談正面的「信任」了，談出來還是不敢放心信任。我們到底怎麼了呢？面對這樣意外的結果，大夥也覺得無可奈何，信任或者被信任都不是件容易的事吧！

不過隨著工作坊進行了幾次下來，我已經能自在地分享平常不願意輕易啓齒的生命故事，其他成員或許也有這樣的感覺吧，這也是在信任的氣氛下才能自在從事的。已經晚了，大家還捨不得散會，這是我們最後一次的聚談了。今天沉默的空檔很少很少，大家彷彿都想把握時間好多說些什麼，浩威一再催促，大家還是捨不得離開。雨應該是停了吧！希望天氣能慢慢轉好，等會兒可以上樓去，探頭看看月亮出來了沒？

＊　＊　＊

王浩威的情緒筆記——

如果我們對過去的社會還有一點記憶力的話，應該會想起在二十年前或更早以前，台灣人自己有個刻板印象——任何外國人來到台灣，都會覺得這兒是個人情味很濃的地方。可是曾幾何時，這濃厚的人情味，或者說，這個刻板印象已經不知不覺地被遺忘而消失了。

在過去的社會裡，人們對待陌生人是可能全然信任，沒有一絲猜忌恐懼的。爲什麼以前能這樣？仔細探究應該很有趣。或許是以前的人對外人的想像，是把他們視爲自己的同類，認爲世界上的人只有一種，所以可以彼此放心，彼此尊重。因爲生活在社群中的每個人都被這個社群結構制約得規規矩矩，也就以爲別人也是規規矩矩，也就沒有猜忌或恐懼了。所以舊時的人情味是有社會結構作爲後盾支持著的。而支持人情味存在的社會結構，在現在看來確實已經消失了。

動物行爲學者的研究指出，每一種動物都有自己的領土，當然人的處境也不例外。社會結構愈混亂的時候，社會的文明成分減少了，人的動物性開始提高，人類像動物一般想穩固自己領土的欲求就愈高。在自己領土範圍內的任何侵入，立刻會引起我們被害妄想的猜疑，甚至不惜以攻擊甚至消滅對方來結束這樣的恐懼。

過去有人情味的社會已經消失，可是新的社群關係卻還未建立，尚在形成中。所以中央研究院張笠雲教授的研究中指出，在目前的社會裡，人與人之間的不信任感還在繼續升高。或許我們可以悲觀地講，這種不信任感以後可能還會更高，如果朝這方向想，可能會出現更多不穩定的狀態；不過如果樂觀一點，想想現在的社會，彼此的不信任感可能已達到最高點，人們已經被自己的不信任感壓迫得受不了了，也許就會出現尋求安定的念頭，這時也就是我們可以共享一塊領土的時候了。共享的欲求讓目前台灣的社區運動開始出現。換個角度想，沒有最極端的不信任感，恐怕也沒有新的信任感產生。

回到日常生活中，可以看到我們如何掌握自己的安全領土。首先是必須承認自己的確有安全領土的存在，只不過這領土或大或小罷了。有些人很在意工作上的安全領域。只要他覺得有人接近了這個範圍，也許對方的接近可能只是想幫忙，他卻永遠會認爲這幫忙背後隱藏著侵犯，其實是要來搶攻他的地盤。從這個角度來看，如果你發覺自己在這個社會裡，生命的態度很認眞可是卻永遠感到很孤獨時，你就該想想爲什麼沒辦法信任別人？因爲不信任別人的關係，任何別人想來接觸的行爲都變成帶有企圖心的侵略。如果無法放鬆心情跟別人相處，如何感受到別人的善意？

至於這個安全領土可以擴展到多大？這領土可能出現在工作上、在自己對孩子的期待、在自己的親密伴侶身上，或者在思想學問的占有欲望上，甚至只是具體地在自己睡眠的床上。如果沒有去檢視這塊領土，也就無法知道自己不信任什麼，當然就無法建立自己內心對陌生人基本的信任感。

信任可以說是彼此的領土可以開放，可以相互交換，甚至共享。至於可以共享到什麼程度？精神分析師溫尼考特說過，如果你敢在愛人的懷裡孤獨，而對方也任你自在地孤獨，應該是兩人之間的信任感最高的表現。從出生以來，在認識了世界的存在以後，一直對安全感有著強烈的需求，以至於不願意被別人看到我們孤獨的模樣；而我們的懷抱也不會願意被一個我們不瞭解、而且以孤獨將自己封閉起來的人所停留。如果我們果眞願意徹底地將自己的領土打開給另外一個人，那眞是很不容易建立的信任感，一種很高層次的修養。

情緒出路

在目前的社會情況中，想建立信任感實在有點奢侈，畢竟外界充滿太多未知數和不可測的災難。可是這些災難，在我們的生活世界裡，難道眞是這麼無遠弗屆嗎？生活中總能找到某個範圍是自己可能放鬆的，儘管是膽顫心驚，我們還是可以學著慢慢放鬆一點。

回過頭來，如果能夠檢視自己的領土到底有多大，到底哪些要求是不必要的，其實就開始敢將自己的領土逐漸開放，到某個程度時，就可以歡迎另外一個人進來遊蕩了。當有人進來遊蕩時，也是你的心靈得以進入另一個人的領土時，其實是共同創造出新的親密關係。至少我們可以不再活得那麼孤獨辛苦了。我們只有瞭解自己對領土的要求，才能適當地從自己的不信任感中釋放出來，開始敢憑著自己的摸索，一步一步地進行。有些自我功課是可以考慮試試看的，比方說身爲現代人的我們，對自己的身體相當敏感，有任何貼近或觸及都很排斥，或者必須擺出自己不熟的姿勢時就很彆扭。身體固然要保護，可是戰戰兢兢的保護是絕對的必要嗎？或者說，我們可以重新去感覺自己的身體，各種感覺、各種姿態、各種可能性，把這種感覺重新再恢復以後，從不必要的不安全感中釋放出來，活生生地感覺到自己的身體不再拘泥、也不再僵硬的模樣，這些都是訓練自己身體的方法。

而最大的改善恐怕還是在親密關係中。我們因為愛對方太強烈了，有一種恨不得把對方吞掉的念頭，也就是想把對方變成自己領土的一部分才放心；同樣地，這時候的我們也甘心變成對方的領土，歡喜被親密關係吞噬的感覺吧！如果在這情況下，兩個人就算維持這麼近的關係，也會覺得輕鬆自在，不必擔憂可能會背叛對方，也不擔心對方任何不可知的念頭，信任的能力也就開始滋長了。

延伸閱讀

1. 《一個心理學家眼中的愛》　海瑞特・李納著　遠流
2. 《西藏生死書》　索甲仁波切著　張老師文化
3. 《四種愛》　魯易斯著　立緒文化
4. 《說謊：揭穿商場、政治、婚姻的騙局》　保羅・艾克曼著　心靈工坊
5. 《隨在你：放心的智慧》吉噶・康楚仁波切著　心靈工坊
6. 《關係花園》　麥基卓、黃煥詳著　心靈工坊
7. 《以愛之名，我願意：開啟親密關係的五把鑰匙》　大衛・里秋著　心靈工坊

第十二課

分離。美酒佳餚中畫下休止符

十一次的情緒探索之後，浩威安排個「Happy Ending」，約在禮拜六下午，讓大家再聚首。

眾人約好從下午聊到晚上，然後一起做個晚餐共享。

Happy Ending的目的是什麼呢？難不成是把桌上的食物一掃而空，酒醉飯飽之際摸摸飽脹的腹肚，喟嘆一聲：「喔，天下無不散的筵席。」然後就此散會了嗎？

浩威笑笑地說：「問問大家的意見吧？或許，我們可以來談分離。」即將分別之際，阿陌影印了《讀者文摘》上談親密關係的文章送給大家。阿勳送每個人一本自己寫的剛出版的新書，素素則抱了一大把花來，每一朵花都不同，說要送給大家。「好像畢業典禮喔。」我說。最後一次相聚，雖是依依不捨，但是阿妹、小倩、唐果和阿正卻都有事不能來。浩威苦笑著說，乍聽到他們不能來的消息時，覺得有點失望呢！有點被背叛的感覺。因爲最後一次了，總是期待大家都能來。

「是啊！也滿奇怪的。雖然是臨時組成的團體，但是缺了幾個人，還是會覺得怪怪的。」阿陌充滿感情地說：「王醫師說要談分離？我覺得滿好的。下次要見王醫師，可能要在電視上才能看得到了。」

「如果我們爲了看你，而去掛你的門診，你會不會嚇一跳？」大姊開玩笑地問。浩威靦腆地笑說：「沒關係，妳一定掛不上號的。」

聽王醫師輕描淡寫地說好久沒談戀愛了，心裡有點騷動。

看著大家跟浩威離情依依，我也有許久未解的疑惑想問。「每次在整理錄音帶的稿子時，我就很納悶。像嫉妒或背叛，都是一般人避之唯恐不及的負面情緒。可是你卻認爲，有嫉妒或背叛的感覺表示眞正的愛過、在乎過，你很懷念這樣的感覺。這種體會跟別人很不同。你是不是太久沒談戀愛，所以很懷念熱戀的感覺？」

「差不多吧！愈忙機會就愈少。」浩威笑了，想了想說：「不過，我也想問，爲什麼錄音帶整理出來的稿子字數很多，妳偏偏只選這個部分寫進月刊裡？」

這很稀奇嗎？很多女生都是抱著瓊瑤小說長大的啊，談情說愛的部分總是特別引人入勝。「其實我也注意到淑麗講的那個部分，不過我倒不會想問。」大姊接口說。

「可是我覺得不公平。」我不服氣地說：「平常都是威哥在問我們，連阿動怎麼會愛上他老婆這種事他都問了，可是我有疑問卻不敢問他，難道我是忌憚醫師的專業和權威嗎？我要證明自己也有勇氣挑戰權威啊！」

浩威啜口水，一派輕鬆自在地說：「所以我說啊，最後一次了，請大家有疑問盡量問我啊！」

「留到最後才制裁，眞是太可惜了！」擠在浩威身旁的阿勳，搖搖頭嘆了口氣。對啊，他平常被浩威追問得最最徹底呢！

大姊笑笑地看著浩威說：「我想，王醫師會把很多情緒的主軸都繞在親密關係上，是因爲情緒的變化會這麼強烈，應該都跟親密關係或親密的對象有關吧！所以每次聽他講時，我也會反思自己在建立親密關係時有沒有障礙？尤其是聽到王醫師輕描淡寫地說好久沒談戀愛了，對我是有影響的。感覺有點騷動，像有些念頭在心裡萌芽，想說是不是該談個戀愛了？可是要重新啓動談戀愛的心思，好像很麻煩，而身邊似乎也沒那個機會，倒不如平平穩穩過日子好。」

「其實這個問題我也注意到了。」心情看來很不錯的素素說：「可是我覺得王醫師會這樣講是有他的用意的。我發現每次每一個人在說自己的故事時，他都會從不同的角度來發問，然後挖掘我們沒注意到的事情……」

看來「王醫師」的護衛隊陣容還眞堅強，砲火還未猛烈，就有人挺身而出。

「……現在是請各位批判我哩！」浩威苦笑著說。

我受傅柯的影響很深，他是反精神醫學的。他認為整個精神治療的過程就是社會控制的過程。

「好啊！我繼續批判你。」反正這次發動攻擊後，工作坊就結束了，就算浩威翻臉了也不害怕。我一鼓作氣地說：「大家在工作坊講的故事，都是以匿名的方式登在月刊上，只有你的故事是用眞名出現。當初徵詢你的意見時，你二話不說就決定以眞名示人。當時我覺得你好勇敢喔！可是當每個人都隨著參與的次數愈多，投入的感情或故事也愈深愈多時，我發覺你並沒有隨著次數增加信任感，故事在前幾次就給光了，後來也沒有講更深入的。是因爲你已經是個知名人物，透露太多自己的事情讓你沒有安全感嗎？」

「嗯，妳觀察到的這點我原來倒是沒想過。」浩威沉吟著，在思索。「爲什麼決定用眞名，我想或許跟以前念社會學理論時，受法國學者米歇爾・傅柯（Michael Foucault）的影響很深。他是反精神醫學的。他認爲精神醫學是相當父權的，整個治療的過程就是個社會控制的過程。在這方面我有很多的思考，包括如何面對自己的權力這樣的問題。像在帶團體時，我是領導者，我已經擁有了某些權力，所以唯一能做的就是讓自己 depower，自廢武功般地解除自己擁有的權力，讓自己也變成分享者。可是自己又拋不掉帶團體的焦慮，如果團體沒有進展，我勢必要帶頭出來分享。而到最後我的分享沒有那麼深，是不是因爲大家的信任感愈來愈出來了，毋需再以我的告白增加團體的信任感？妳剛才一說，有好多可能的答案在我的腦海裡，我還在想。」

「我自己也在帶一些團體，常會感覺到與團體成員間角色的拉鋸。所以我參加這個團體時，我一直察覺到王醫師這個depower的動作，我覺得一個團體的領導者對自己有這樣的提醒，我很佩服。」大姊兩拳交握在胸前，向浩威作揖後說：「我在這裡講比較多的是負面情緒，但是今天我想講點正面的。我想，我們都沒有權利要求別人分享比較深沉的生命經驗，但是在這裡讓我有機會分享了各位的生命故事，我覺得很幸福。我很佩服各位，像阿陌在『忿怒』裡願意講出生命中很沉重的故事，實在很不容易，她的分享是對我們有很大的信任感。其實我覺得人與人之間最大的信任或者說是承諾，就是『I will be there.』不管發生什麼事，我都會支持你，在你身邊。我自己不敢給別人這樣的承諾，也很難遇到願意給這樣承諾的人。阿陌的願意信任，我覺得很好。另一方面，我很羨慕素素的活力，希望自己也能像她一樣。至於阿勳啊，眞像個大師，像老子一樣，不知道何時才能修到他那種凡事無動於心的境界。還有小倩，她長得很漂亮，我很喜歡看她，她說故事時用字遣辭的精確，讓我很羨慕。」

阿陌也笑笑地回應：「我今天印給大家的文章說到，別人的聆聽，偶爾的鼓勵，都是支持我們得以繼續往下走的力量。有時是別人當我們的枴杖，有時候換我們當別人的枴杖，即使我們都未必有過什麼豐功偉績，但是這樣就夠了。」

「這個團體跟妳當初的預期呢？」浩威問。沉思了一下，阿陌很認眞地回答：「剛來參加時，我的確有渴望被治療。一、兩次之後，我發現王醫師也把自己當分享者，而不是當個導師讓我們得救。其實我也知道就算我們發出求救訊號，你也不會給答案，所以原本的預期就降低很多。不過我卻每一次都很期待這個聚會，喜歡這個團體，喜歡聽聽別人怎麼說，從別人不一樣的生命型態裡，看看能學到什麼，可以跟自己對話。所以我會遲到，但從來不曾缺席。」

過去我以為婚姻是兩個人結合成一個同心圓，現在我想可能是兩個多邊形交集，不敢奢望完全的密合了。

「嗯，對呀！」素素點頭應和：「想到這是最後一次，我眞的很捨不得。所以我花了很大的心思幫每個人各選了一朵花，表示我的心意吧！因爲再見面都不知是何年何月了，我很珍惜這最後一次的聚會。

「昨天晚上我回顧參加工作坊的心情，寫了一些筆記。我想，我可能讓你們覺得，我在這裡聽到一些故事後，會對婚姻、愛情不抱任何希望。我認眞思考過後，得到了這樣的結論，我想我原本對婚姻或愛情實在是太『白雪公主思想』了，總覺得我的婚姻應該很美滿很幸福。後來聽了阿陌講她的故事，我很害怕。曾有算命的說過，結婚以後我的人生開始坎坷，因爲我的先生容易感染壞習慣，也很有機會走桃花運。所以我很擔心以後會不會像阿陌一樣。」

素素小心地看著阿陌，阿陌以溫和的笑容回應她。素素放心地繼續說：「不過我現在不這樣想了。過去我以爲婚姻是兩個人結合成一個同心圓，現在我想可能是兩個多邊形的交集，不敢奢望完全的密合。上次我講起初戀男友的故事，大家給我的回饋，我回去後想一想，也慢慢釋懷了，我也反省自己當初沒有好好去面對。在這邊，我特別要說的是，很羨慕大姊和阿陌的智慧，能夠那麼坦然地去面對和處理自己的難題，我希望自己也能有那麼成熟的智慧。」

阿陌搖頭笑說：「我們是太笨了，才會陷入這種狀況。」

「那我也要講，可能會講很多喔！」鈴璫般的笑聲，是可愛的晴子。「我以前曾經參加過別的工作坊，所以參加這個團體的前一、兩次，我都有使命感，覺得要先分享一些東西做示範，好讓其他人知道『分享』是什麼。可是後來我有一些猶豫。因爲我前一兩次講得太難過了，我擔心其他人會有負擔、會害怕，所以我開始遲疑。後來其他人愈講愈多，我的使命感也慢慢減輕了。」

喔，看來像么女般天眞的晴子，在工作坊進行之初，曾毅然擔負起「拋磚引玉」的使命，我竟然渾然未覺。

電影散場時，我都留到最後才離開。想到剛剛大家都在，可是燈一亮，人潮散去，只剩人去樓空的淒涼。

「阿勳呢？」最後一次了，老僧入定的阿勳還是不免被浩威點名。

半閉著眼，像在沉思的阿勳說：「聽了大家的談話之後，我給大家的印象好像是凡事不動心，不被俗務打擾的樣子。我想，是因爲我的生活很單純，每天待在家裡寫作翻譯，不必太常跟人接觸。接觸少，直接而強烈的情緒衝突也少。其實在團體聚會那麼短的時間裡，我想不太可能彼此瞭解到多深，所以我往往也抱著隨緣的心情，不會刻意去說些什麼。偶爾有感動的時候，可是輪到我講時，就忘記了，或者情緒已經不連貫，感覺不對了。別人對我的感覺，是主觀的認定，或許也是透過誤解來看我這個人吧！」

「剛剛大家提到你，你可以反擊，結果你反而在自白？」浩威說。

「自白啊？其實誤解也無所謂啊！……」阿勳搔搔頭，囁嚅地說。「我比較在意的是分離。年輕時候看電影，散場時，我都是最後才離開的。想到剛剛大家都在，可是燈一亮，人潮散去，我會懷著感傷坐在那裡，回頭看看那人去樓空的淒涼，直到剩下我一個人時才離開。

「在家裡，我的情緒比較和緩，可是也憂心遲早有一天大家會分開，我害怕自己是否承受得了？我是由祖母帶大的，以前我常擔心萬一祖母死了，我可能承受不了這樣的打擊，可能會有一、兩年的低潮，完全沒辦法工作。可是兩年前祖母過世時，也覺得沒想像中嚴重。當時她在加護病房裡，進入彌留狀態，吵著要回家。回家時有護士隨行，給她打強心針。到了晚上時，應該再換一劑強心針，其實也是勉強拖著，可是沒人敢做決定。我當時就做了決定不再打強心針了。

「當下我就知道那是一種生死的分離。以前的我，根本無法忍受那樣的事，可是當時卻覺得分離是自然的。而且我祖母給我一種感覺，直覺可以分開了，無所謂了，於是我做了那個決定。而那件事過後，反而覺得很多事情可以看得開也放得下了。」阿勳還沒喝酒，卻難得情眞意切地說了那麼多。

浩威問：「這樣是好還是不好呢？對分離不在乎了，是不是有很多感覺消失了或是死掉了？」

阿勳搖搖頭說：「如果有情境可以投入，我並不會刻意排斥，會試試看。」

因為閱歷少，插不上話，到後來，有點不想參加。

「吉吉呢？」浩威把頭轉向角落邊的吉吉說：「我覺得自己一開始有些殘忍，老是把自己的價值觀放在妳身上，說妳太幸福了。妳也反駁過嘛。我也要求自己，不要忍不住就把自己的判斷和價值觀加進來。後來妳講愈多跟家人間的關係，我發覺似乎有更多的弦外之音。妳呢，跟當初參加時的預期落差很大嗎？」

吉吉望著浩威，面露難色，有些遲疑地說：「當初參加時，我沒有特別的預期。只記得有一次，王醫師跟我說，妳不要急著反駁，先聽我說，以後再反駁好了。我回家以後，就跟媽媽說，王醫師好可怕，他好像把我看穿了一樣，他看出來我不經考慮，直接就想反駁。

「後來，參加這個團體愈多次，別人給我的意見愈多，我就會想爲什麼別人都覺得我很幸福。自己和別人的差別到底在哪裡？後來我發覺自己不管到哪裡，都只扮演一個角色——獨生女，而且把大家當成我的家人一樣。而我自己運氣也很好，家人同事老闆朋友都對我很好，或許我自己也會挑那樣的環境去待著，身邊的人在我還沒開口前就幫我設想好了。所以我剛來工作坊時，也像在家裡一樣，心情不好就不講話，把大家都當家人看待，可是我漸漸察覺這關係是不同的。」

吉吉停頓一下，想想又說：「不過有時候王醫師問我話時，我不知道是聽不懂，還是故意聽不見。我老是會想，啊，他又問我問題了，是不是我有什麼問題呢？」「對呀，我印象中妳至少說了三次，『啊，你說什麼？』」浩威笑著說。

「妳自己會不會覺得愈到後來愈沉重？」大姊低聲詢問吉吉。

「對啊，團體進行到一半時，我就不太想來了。覺得別人講的事情，自己都插不上話，自己的想法別人又無法理解。後來，就說服自己當作是來這邊聽故事好了，反正我的人生閱歷沒有別人多。不過阿妹曾打過電話給我，說她能瞭解我的感受，我聽了以後很感激，也笑說她是不是被我的表現騙了。我想我是不是用這種方式，吸引別人來關心我、照顧我。」吉吉說。難怪在團體中，吉吉最喜歡和阿妹在一起，謎底總算揭曉，阿妹曾私底下照顧過她的感受，讓她感覺溫暖呢！

我不喜歡太穩定的自己。誰說精神科醫師就要健康，不能病態。

「還有人想說什麼嗎？」浩威問。「王醫師還沒給大家意見呢？」阿陌說。思索了一下，浩威說：「我分別給大家寫封信好了。」

「你那麼忙，會有空嗎？何必給這種承諾呢？」我挑釁地說，今天的我似乎很能放心地「吐槽」王醫師：「老是在一些覺得你不可能出現的地方看到你和你的文章。我想，這個人何苦把自己燃燒得這麼厲害？是很孤單需要朋友、需要和別人發生連繫，所以不好意思拒絕？還是不讓自己忙，就會覺得空虛，所以只好努力忙，證明自己還活著？雖然你是精神科醫生，但我老覺得你的心理或許也沒健康到哪兒，不穩定的感覺很深，怕哪天想不開你就跳樓去了。所以在這段時間裡，我常擔心萬一你沒來帶團體，該怎麼辦？」我終於一吐幾個月來的焦慮。

王醫師並沒有生氣哩，反而認眞回應：「如果照妳這樣講，我想我會比較喜歡我自己一點。我不喜歡太穩定的自己，精神科醫師就要健康，不能病態，我反倒不以爲然。至於幫很多質性不同的刊物寫稿，我是抱著使命感在寫這些稿子，覺得階級問題重要，或者青少年問題嚴重，就寫文章討論這樣的問題，試圖提供或鬆動某些想法。說到跳樓，我很積極主張人應該有自殺的權利，前提是經過充分選擇。如果有充分選擇的機會，我不覺得自殺是悲劇，反而覺得人生很美。還有問題嗎？」浩威含笑地看看大家，「最後很高興，很高興有機會帶這個團體，有機會認識大家。嗯，反正天下沒有不開始的筵席。嗯……」

是啊，天下沒有不開動的筵席。大家起身尋找鍋碗瓢盆，紛紛捲起袖子來，準備洗碗煮菜吃火鍋了。天下沒有不開始也沒有不結束的筵席，我們的團體就在美酒佳餚說笑聲中結束了。

延伸閱讀

1.《再見，爸爸》　賴以威、賴雲台著　時報文化
2.《孩子，你忘了說再見》　伍斯特福著　校園書房
3.《不完美的分離》　米榭・葛里賓斯基著　五南
4.《幫助孩子克服分離焦慮或拒學》　Andrew R. Eisen, Linda B. Engler 著　自然就好心理諮商所
5.《跟親愛的說再見：一生一定要會寫的企劃案：預立醫囑》　王梅、李瑟、林芝安、張曉卉著　天下雜誌

〈回響〉

尋找真正的自我

阿陌

寫這篇感言的原因是自告奮勇，也有些趕鴨子上架。沉寂了好些個月之後，辛苦整理文稿的淑麗要我看過她整理的團體對談初稿之後，「如有意見」就告訴她，尤其因爲時間拖久了，竟有團友已下落不明。

爲了一個英文字（而非意見），我們再次交談。由於對編輯略有經驗，我們談到銷路與可讀性等等問題，我認爲若能加上王醫師的建議會比較有意思，淑麗則提到王醫師也很想知道我們對團體的感覺，而鼓勵我們寫點心得感言。體會到淑麗的求好心切，加上自己也眞的有點感覺，便答應了。

誰知一個月過去，因爲「常要自己忘掉生活中的不愉快，便把重要事情也順便忘掉」的情形下，欠稿的事因爲淑麗一通電話才又浮現眼前。下班回家後，翻出文稿重新體會一切。我迅速瞽過淑麗對每一位團友的形容與介紹，在字裡行間尋找自己。

首先出現的感覺是驚訝。我是她在第一篇〈恐懼〉裡所描述的「最早到的兩人之一」，可是直到第三十三頁才把鏡頭拉到我身上，而且前後只有三小段，約三百字。我用鉛筆特別圈出，以免不小心就找不到啦。之所以驚訝，是我自己以爲很熱心地參與，然而比起別人的踴躍發言，仍顯得行動力不足，似乎有些冷眼旁觀。但，更叫我驚訝的是我給淑麗的印象是：嘴角下垂、拘謹嚴肅……

一向以爲自己熱心、積極、主動、勇於面對陌生人與陌生的環境……想不到別人眼中的形象跟我自以爲的形象，有如此大的差異。是因爲沒有化妝？身體語言僵硬？或姿態冷漠？這些究竟是我借來用的裝扮，用以掩飾某些性格；還是，那根本就是眞正的我？

接著，我繼續在每一種情緒中尋找阿陌（或對阿陌的描述，但，那是我嗎？）把曾經留下的痕跡圈出來，想要拼湊出他人眼中的我。好似穿了新衣，急於想照鏡子。

仍然不多，仍然像灰灰暗暗的一個影子。穿過寂寞、嫉妒、背叛，我都像個沒有情緒的人……或者因爲它們早已深入我的生活，到如此理所當然的存在那裡，而被我認爲不值得一提？

如果，你無時無刻不是寂寞，而嫉妒與背叛早已被你合理化、消化成爲身體的一部分，甚至都排洩出去了（你知道不排出去會被毒死！）那麼正如你每天早上必喝牛奶一樣，有什麼好提的？

我知道自己是到了〈忿怒〉這一篇才把情緒發洩出來。發洩得不多，秉持著不要麻煩別人的原則，小心翼翼地告訴團友「不必擔心，我應付得很好」。印象中好像是在這一篇之後，淑麗送我一個外號叫「孤島阿陌」。（其實，她選用阿陌作爲我的代名，便已很清晰地表達了我給她的印象）。但是我認爲自己正逐漸展開來，甚至會在〈沮喪〉那一篇開導別人。

翻閱過文稿，我承認只對描述到我的字句有興趣；看完它，我掩卷細思，不喜歡被拼湊出來的結果。可是，我爲何擺出那種面貌？想引人同情？

其實，我自認爲EQ很高的。我處事圓熟，在公司是中級主管；朋友雖然不多，可是彼此非常可以談心，甚至曾陪一位因爲失戀要鬧自殺的朋友，從晚上十一點談到隔天清晨六點半，因幫女兒準備早餐上學才打住，女兒從此常笑我長舌。

但我想，這是我撐在表面的自我形象。由於我的害怕改變和不敢發怒，或許眞正的我因爲婚姻不如人，而缺乏發自內心的自信。而且，我必須在工作上有所成就，因爲那是我唯一可以掌握的。

我的近況仍是把大部分的精力投注於工作。在籌措五十萬替K（我不願稱他爲我的任何人，他頂多只是女兒生物學上的父親）還去地下錢莊的緊急債務之後，請他搬出住處（他仍常回來，一週約兩次，有些過多）。

離婚協議書打好，也列印出來，一直沒「胃口」去要他簽字（他答應會簽，除了金錢方面，他一向挺守信用的），我想，一是害怕面對自己終於全面失敗；二是虛榮，起碼有一個人是離不開我的，一旦剪掉就什麼都沒有了。（好一個操縱者！）

我很確定這婚姻我是不要的。好友督促我面對其間的矛盾：既要離又爲何不找他簽字？我的理由（或藉口）是，我不覺得簽不簽有何區別，當我想做時我才會去做。我的步伐或許較常人慢，但我終將抵達我的目的地。

走筆到這裡似乎有些不知所云，可能是我自己也一邊在整理思緒。我知道我終究會撐過去，而且變得更堅強。誠如林清玄經過生命的龍捲風，他坦承菩提諸書有的是要勉勵自己，硬要自己採信「天將降大任於斯人也」那一套，是有些阿Q，可是若不如此，脆弱的人身如何克服困難站起來？

我認爲經歷苦難使人的心更柔軟，更懂得傾聽。而，這或許就是我這一世的功課。

〈後記一〉帶領「情緒工作坊」的感言

王浩威

《張老師月刊》的編輯同仁邀我來帶團體，一起來探討情緒的各個面向時，我自己開始困惑起來：爲什麼是我？我又憑什麼呢？還有，我自己能帶什麼呢？

還記得仍是第一年住院醫師的訓練階段，每週四下午就聚集在五樓病房，傻愣愣地看著陳珠璋教授和另一位資深住院醫師對住院病人進行團體心理治療。自己坐在外圍深深陷落的大籐椅裡，完全看不懂門道，整個人茫然而困惑，不知這一切對話和互動的意義。自然地，經常也就睏意極了，不知覺就失神了。

霧裡看花的樂趣，來自於自己果眞漸漸地看見了一些從不曾想看，甚至不知道它們的存在的一些事物。這好似第三眼，經過了日復一日的修鍊，終於可以在人群之間看到了許多以前不曾想到的東西。訓練是持續的。到了第四年，也是住院醫師最後一年，我又選修了團體心理治療，在陳珠璋教授的指導下帶了兩個長期團體，一個是夫妻成長團體，另一個是門診精神官能症患者的團體。陸陸續續地，在花蓮工作時，又帶了單親國中生成長團體、性傷害團體等等。

自己帶了一些團體，也是國內團體心理治療學會的成員之一；但，適合帶《張老師月刊》讀者這樣的團體嗎？雖然是困惑著，卻又不自覺的一口氣答應了。

月刊的編輯同仁設計了「情緒十帖」的年度企畫。這一年，EQ這名詞正瘋狂流行，連電視當紅的綜藝節目主持人也都會用「EQ零蛋」之類的話來彼此調侃。所謂的情緒，忽然變得弔詭，雖然大家都說它很重要，卻只是嘴巴說一說而已。月刊同仁也就投票列出了我們常見的情緒，希望逐項來探討。

當我答應一起來參與時，月刊的伙伴們已經票選出十項情緒。我自己內心雖然有一些不盡相同的選擇，卻也明白沒有一種將所有情緒種類都涵蓋的可能性，也不可能區分其中的優先性。我只是再加一個「快樂」，因爲原先所涵蓋的正面情緒只有「信任」一項；同時，也將這一切做一個先後順序的排列。於是，情緒十帖也就變成附送一個大補帖。

整個情緒工作坊的時間非常急迫。一方面，必須對運作過程做適當的演練；另一方面，又必須快快招募工作坊的伙伴。我們在月刊上發出工作坊的招募消息，取一個反諷的名稱「搞砸EQ工作坊」，爲的是避免在當時EQ的狂熱氣氛，徒然招來一些EQ信徒。

站在月刊當初設計專題的立場，希望藉此探討國人的情緒現象學，包括它的樣態、相關語言和呈現方式，是包括各式各樣的人。因此，參與人員的異質性也就十分重要，包括年齡、性別、階級和家庭狀態。

托《張老師月刊》的福，雖然報名時間相當急迫，但因爲它的廣泛影響力，立刻傳來數十份的報名單。然而，大部分報名者的特質是：女性、未婚、大學畢，近卅歲。成員的面談和選擇是由我一個人決定的。一方面，異質性愈高愈是優先選擇；另方面，也暗中刪除一些經常參加類似工作坊的報名者。

這本書封面上註明的作者雖然是淑麗和我，其實應該是所有成員的共同貢獻。因爲匿名的緣故我們無法一一列出。

面談的當天，幾位報名的男性剛巧都沒出現。爲了不使這個團體呈現出「只談女性情緒」的偏差，只好邀請三位男性，包括月刊的編輯和他們的友人。於是，也就出現男性保障名額的現象。

十一種情緒再加上最後一次的回顧，總共有十二次的相聚。三個多月的工作坊，除了一、兩位男性成員，幾乎都是全程參加。每次的聚會，淑麗幫忙張羅場地、錄音、事後的整理和平常的聯絡。

出書的預訂時間原本是在專題連載結束時立刻出版，讓閱讀月刊的讀者也有興趣即時購買。然而，在和出版編輯再三斟酌以後，決定改變出版的方式和方向。

原先在月刊上，除了淑麗記錄的團體過程，我自己也會寫上一篇相關的文字，介於散文和理論之間的。因爲這一部分決定另外結集成書，團體的記錄也就可以更加擴大，同時也包括了我自己在團體中的分享。同時，爲了將書的焦點集中在情緒本身，而非團體治療最重視的互動動力和治療因素等等；也就是說，是集中在十二個個人的情緒，而非一個團體的故事，記錄的重點也做了相當的調整，同時再加上學理上各種情緒的理論和處理。

團體的記錄是以淑麗做爲一位協同主持人、觀察者和參與者的角度，來敍述她所看到、聽到的一切。我僅做一些文學的修改，不到兩百字。雖然，她的很多觀察和我的不盡然相同，然而，做爲一個團體的主持人，原本就和自己成員們之間，有著不可避免的強烈情緒。我的感受，不見得比淑麗客觀。

有趣的是，我在淑麗記錄中讀到了她是如何看我的，或者，在團體中原來別人是如何感受到我的，包括我的主觀、我的殘酷質問，我詭計得逞時的小小欣喜等等，這一切竟然都是我所不自知的。

一個團體工作坊結束了。對我而言，自我的探索還沒結束，團體心理治療的學習也還是起步階段。

我要特別感謝我的老師陳珠璋教授，雖然在情緒上我比一般的學生還更疏遠，但是，不止團體治療上，也包括了許多人生的啓示，特別是對生命的執著，他教導我許多。

感謝也幫我寫序的吳就君教授和蔡榮裕醫師。吳老師是我專業上的先進，蔡醫師是我大學迄今的好友。

感謝支持我這一切工作的台大醫院精神部同仁。

感謝張老師月刊的同仁。

感謝淑麗的合作。

當然，感謝和我們共同走過團體的十位伙伴。

〈後記二〉

真誠的分享

鄭淑麗

回頭讀完書稿，我會掛念阿陌還好嗎？是否擁有了心靈伴侶，不再覺得自己像座孤島？吉吉是否如浩威所預測，果眞叛逆了，和爸爸的關係進入了新的階段？而素素已擁有讓自己深信不疑的情感關係嗎？回顧工作坊的紀錄，許多畫面和念頭在腦海中盤旋縈繞。但是時間過去了，工作坊早已結束，或許只有重讀書稿的我，還徘徊在此情境中，而其他成員早已不知所踪。

我恐怕再也沒有機會知道這些成員們的狀況如何，不過卻感到由衷的感謝。初入社會的我，對於人生種種好奇又懵懂，參加了生平第一個工作坊，原本不認識的陌生人，因爲工作坊的緣份相遇，眞誠分享了自己的生命故事，甚至坦露了難堪的傷口。

在當時的時空情境下，我們參與了彼此的人生片段，藉由聲音和文字的紀錄，這段過往被保留下來了。如果人與人之間有所謂的提攜之情，我想工作坊裡的分享，應該也算其中一種吧。這樣的分享，或許讓我們在不經意時撫慰了彼此，或者在關鍵時刻貢獻了一個還不錯的想法，讓對方撥雲見日，這些都是難得的緣分。

我曾想過，再去探問成員們的近況。但是這僅止於念頭，而沒有行動。回顧舊版書中的文字，有我年輕時的莽撞與輕率，希望不至於對成員們造成困擾，而藉由重新出版的機會，我做了些潤飾和修改。觀照、覺察和理解自己和他人的情緒，都需要更多的敏感、體貼和智慧，而我一直在學習。謝謝這一切。

〈附錄一〉《打開情緒WINDOW》原書推薦序

豐富的情緒Party

國立師範大學衛生教育系教授
吳就君

哇塞！好一個有趣的情緒Party，看完本書文稿變得有一點灰姑娘的心情，盼望將來總有這麼一次是不是輪到我有那樣的時空情境，來捕捉自己的忿怒、孤獨、沮喪、嫉妒、背叛等故事，可以與一群陌生的朋友面對面地談情緒，從別人的寂寞、恐懼、罪疚、疏離、絕望、快樂的故事中，享受唯有人間獨有的情緒Party。

「……是追逐理想還是自我放逐？理想似乎變成掩蓋恐懼的藉口……」

「我會……不太敢定下來，覺得定下來好像要負責任，就是要有成就感的樣子，要有車子呀、房子呀，果眞那樣似乎會有什麼死掉了，也會覺得做久了成績到底在哪裡？」

「生命一成不變是恐懼，變得厲害也是恐懼，到底怎樣是好的，我也很困惑……。」

起先，我對這本書直覺上有兩個成見，第一、書裡談的情緒不會超過四十歲人的情緒吧！結果沒想到裡面有祖父母、父母、兩性之間內在自我之間的各種滋味，很有個性的一一出現，幾乎可以看到人生各種時段的許多心的面貌，以全人直接呈現，沒有批評，沒有分析，完整的人互相的分享，讓你好像照鏡子一樣，看到自己和自己的重要他人的情緒面。我近來常有機會和「大人」們上EQ的課程，我要誠懇的把這本書推薦給情緒識字率低於警戒線的一群「大人」們。

第二個成見是如何看待情緒工作坊的助人療效？我本來想可能是座談會的資料整理罷了，那為什麼要去看它的療效因素呢？我懷疑自己又執著於自己這一行，或者不是喔！也許是投射我心中好久以來的願望——我一直期望台灣呈現多樣化的助人模式。主持人王浩威醫師在〈尾聲〉中回答成員的問題時說到：「……像在團體時，我是領導者，我已擁有了某些權力，所以唯一能做的就是讓自己 de-power，讓自己也變成分享者，可是自己又拋不掉帶團體的焦慮……」這段段使我不必懷疑自己是否得了職業病了。「情緒工作坊」的主持人浩威，他確實是想要做一些讓人們在團體中發現一些有意義的事情，也就是對人的生活會有某一些衝擊的事情，所以從事助人同業者，瞧！他做得如何？再看看另外一個成員的話。

阿陌：「……別人的聆聽，偶爾的鼓勵，都是支持我們得以繼續往下走的力量，有時是別人當我們的枴杖，有時候我們當別人的枴杖……我每一次都期待這次聚會，喜歡這個團體……從別人不一樣的生命型態裡看到什麼，可以跟自己對話。」

果然這個「情緒工作坊」正是我尋找的，有創意的一個助人工作坊模式，我誠懇地邀請你來共同分享。

〈附錄二〉《打開情緒WINDOW》原書推薦序

看情緒的舞動

台北市立療養院精神科主治醫師
蔡榮裕

這是一個不錯的想法，以文學書寫展現團體的流程所流露的情緒，不過，這本書的方向倒不像是展現團體心理治療的流程，而是著重於人類的十一種情緒裡所埋藏的煙塵往事。人類的情緒當然不只是這十一種，但是本書所觸及的這些情緒倒也是精神醫學領域裡常處理的議題。

既是書寫本書的序，我就先從書的內容談起。書中所意圖觸及與揭露的恐懼、寂寞、嫉妒、背叛、忿怒、沮喪、疏離、罪疚、絕望、信任、快樂等十一種情緒，我相信讀者皆已有各種不同程度的感受，但我也同樣假設，我們並不是皆已準備好要面對這些情緒，尤其當看見團體的主角們流露情緒時，那些情緒背後所懸掛及象徵的種種創傷經驗，依據我的臨床治療經驗，我也假設對某些讀者而言，可能更害怕自己的某些情緒，或者苛責自己無法言說某些情緒，或者變得更麻木而不易親近這本書所欲分享的情緒世界。這些情況皆是可能且常見的，但也因爲這些能夠親近或怯於親近的複雜狀況，使得對情緒的相關現象與內在世界的書寫及閱讀，形成了更多潛在豐富的可能性。

閱讀這本書的手稿之前，我原本擔心是否易流於只將情緒視爲某種客體，而只意圖陳述如何操控及管理各種情緒。還好，作者的意圖不只是如此。我所以如此擔心那傾向，是因爲對於情緒做爲一個客體與課題，若只以單純（或許也複雜吧）的管理與操縱爲主要的處理方向，其實是相當易於流向彷彿某種主宰情緒的法西斯，意圖以商業化彷彿自由的字眼（如操弄、管理、自我管理等），而對人的複雜情緒切割成簡化的經濟生產流程，彷彿只要通過某些生產機器（如：團體治療）的製造過程，就是某種貼有新標籤的新產品。

對於情緒的「管理」與「操縱」，我是感到悲觀的，因爲我假設那將會很容易觸及主宰者（包括個案與治療師）的法西斯傾向，而使得人類的「情緒」議題被窄化成幾條如工作守則般的文字。但我對於人類情緒內容的探索則是樂觀的，那涉及的是我們對情緒如何得以被言說、被書寫充滿多少想像而定。因爲關於言說情緒與書寫情緒的過程裡，涉及一些變數而使得「治療」效果得以發生，的確仍值得從各種不同角度加以聯想。

這也使得我假設團體中的主角們（雖然行文的字裡行間，隱約使團體領導者成爲某種型式的主角）仍有一段各自的長路得探索，只因爲這是一場無止境的路程。主角們已在這個團體流程裡實踐了人生的另一場開場白，我也假設這本書中阿威（即王浩威）的表白也是他的另一個起點。關於治療師在治療流程得流露多少自己的心中事，在不同一的理論裡自有不同的出發點與期待。雖然我傾向於保守地減少流露自己的心中事，但我對於讀者及團體中的主角們如何看待及想像做爲團體領導者的阿威的心事流露，則抱持著好奇的心情，或許這也是另一本書的好題材。

做爲阿威的好友，不少事也是十幾年來首次聽他談得如此清楚，也讓我好奇及想像團體流程本身所展現及蘊含的某些動力因素與力量。看了他的陳述，確也勾起了多年前如阿威在文中曾提及的，一群在醫學院讀書時的死黨，以及當時的種種往事與情緒，那是我閱讀後的聯想與感受。不同讀者由於不同的成長背景與不同的心事之下，自然可能會有不同的聯想與感受，這是讀者能夠透過閱讀走自己的路的背景。

書寫此序文的當刻，阿威正打算離開蘊育他多年的台大精神科，獨立出來自行闖蕩。目前他正請假旅行於俄羅斯與歐洲，直到回國後即正式離職，他正以自己的步伐走在自己的旅程裡。而我此刻坐在英國倫敦的古老祖屋裡因爲時差而早醒，面對仍微暗窗外的歐式住家後院與屋頂，謄寫飛機上書寫的此序文，有一段與「團體」有些關聯，我仍抄寫如下：「而我此刻正坐在飛往倫敦的班機，正在伊斯坦堡的上空，離倫敦還有三小時二十二分，我將在倫敦兩年修習精神分析，但此刻在飛機座艙裡的這個『團體』卻也是一個令我產生複雜感受的所在。另一好友楊明敏原在法國巴黎修習精神分析，此刻正在台灣度暑假。這種來來往往的現象，又在訴說些什麼呢？但是祝福仍是必要的事，祝福阿威能夠在離開大機構而自行闖蕩的過程裡，做出一些有意思及有趣的事。」

若再回到本書的內容，如果書中的主角們願意以文字書寫陳述在團體中的其他感受與聯想，這會隨時間的不同而有不同的後續反應與內容，再配合本書內容，或許又會另有一番景象。在中文世界的書寫與論述裡，這仍是頗匱乏的基本資料，也是一種值得的嘗試。況且在嘗試探索人的內心情緒，不太快以「道理」淹沒了人類頗可貴的複雜情緒，畢竟要言「情」且說得有道理又不僵化，不是一件容易的事，我們可以看見作者的此種意圖，雖然我認爲仍還有很多、很長的路值得探索。

Caring 065

生命的十二堂情緒課：王浩威醫師的情緒門診

作者—王浩威・鄭淑麗

出版者—心靈工坊文化事業股份有限公司
發行人—王浩威
總編輯—徐嘉俊
執行編輯—黃心宜
特約編輯—賴慧明
內文排版—龍虎電腦排版股份有限公司
通訊地址—106 台北市信義路四段 53 巷 8 號 2 樓
郵政劃撥—19546215　戶名—心靈工坊文化事業股份有限公司
電話—02）2702-9186　傳真—02）2702-9286
Email—service@psygarden.com.tw　網址—www.psygarden.com.tw

製版・印刷—漾格科技股份有限公司
總經銷—大和書報圖書股份有限公司
電話—02）8990-2588　傳真—02）2290-1658
通訊地址—新北市五股工業區五工五路 2 號（五股工業區）
初版一刷—2012 年 2 月　初版十一刷—2022 年 2 月
ISBN — 978-986-6112-37-9
定價— 320 元

國家圖書館出版品預行編目資料

生命的十二堂情緒課：王浩威醫師的情緒門診／王浩威・鄭淑麗作； --初版.--臺北市：
心靈工坊文化, 2012.2　面；公分.（Caring：065）

ISBN 978-986-6112-37-9（平裝）

1.情緒管理　2.心理諮商

176.52　　101000619

心靈工坊 PsyGarden **書香家族 讀友卡**

感謝您購買心靈工坊的叢書，爲了加強對您的服務，請您詳填本卡，
直接投入郵筒（免貼郵票）或傳眞，我們會珍視您的意見，
並提供您最新的活動訊息，共同以書會友，追求身心靈的創意與成長。

書系編號—Caring 065 書名—生命的十二堂情緒課：王浩威醫師的情緒門診

姓名 是否已加入書香家族？□是 □現在加入

電話 (O) (H) 手機

E-mail 生日 年 月 日

地址 □□□

服務機構 職稱

您的性別—□1.女 □2.男 □3.其他

婚姻狀況—□1.未婚 □2.已婚 □3.離婚 □4.不婚 □5.同志 □6.喪偶 □7.分居

請問您如何得知這本書？

□1.書店 □2.報章雜誌 □3.廣播電視 □4.親友推介 □5.心靈工坊書訊
□6.廣告DM □7.心靈工坊網站 □8.其他網路媒體 □9.其他

您購買本書的方式？

□1.書店 □2.劃撥郵購 □3.團體訂購 □4.網路訂購 □5.其他

您對本書的意見？

□ 封面設計 1.須再改進 2.尚可 3.滿意 4.非常滿意
□ 版面編排 1.須再改進 2.尚可 3.滿意 4.非常滿意
□ 內容 1.須再改進 2.尚可 3.滿意 4.非常滿意
□ 文筆／翻譯 1.須再改進 2.尚可 3.滿意 4.非常滿意
□ 價格 1.須再改進 2.尚可 3.滿意 4.非常滿意

您對我們有何建議？

▲您的意見，我們將轉貼在心靈工坊網站上，www.psygarden.com.tw

廣　告　回　信
台北郵政登記證
台北廣字第1143號
免　貼　郵　票

心靈工坊 PsyGarden

10684台北市信義路四段53巷8號2樓

讀者服務組　收

免　貼　郵　票

（對折線）

加入心靈工坊書香家族會員
共享知識的盛宴，成長的喜悅

請寄回這張回函卡（免貼郵票），
您就成爲心靈工坊的書香家族會員，您將可以——

⊙隨時收到新書出版和活動訊息

⊙獲得各項回饋和優惠方案